Sweet
Basics

Alles, was man braucht, um sich den Alltag locker zu versüßen ...

Cornelia Schinharl   Sebastian Dickhaut

Sweet Basics
Inhalt

Basic Rezepte

Basic Know-how

Ab jetzt kommen wir nur auf süße Gedanken

Es ist immer das Süße, an das wir uns am besten erinnern können. Der Grießbrei von Mama, warm und weich, mit der leicht scharfen Zimtzuckerkruste, an der schwerer Himbeersirup leckt, der nach Sommer und Spielen am Bahndamm schmeckt – bis heute. »Und letztens diese Mangomousse am Schluss von dem Menü, da gab es davor doch … na, was war das jetzt …? Also die Mangomousse, die war jedenfalls toll.« Es sind auch fast immer Desserts wie Rote Grütze, Tiramisu oder Crème brûlée, die eine kulinarische Ära als »signature dish« markieren (mehr dazu auf Seite 30). Und wie heißen die beiden bekanntesten Gerichte von Auguste Escoffier, dem ersten Starkoch der Welt? Ganz genau: Birne Helene und Pfirsich Melba.

Sweet Basics pflegt diese süßen Erinnerungen in ihren Ursprüngen: Im Know-How-Teil werden die Grundlagen für die eigene Zuckerbäckerei gelegt – vom Puddingkochen bis zum Karamellmachen. Die wichtigsten Tricks rund um Desserts und Mehlspeisen gibt's dazu in Wort und Bild, das Basic-Regal zeigt, was angehende Patissiers (so der Fachausdruck für die Nachtischmacher) in ihrer Küche haben sollten. Am Ende des Buchs liefert ein Glossar die Vokabeln fürs Selbermachen und den Smalltalk.

Theorie ist wichtig, Praxis besser – gerade wenn es um süße Sachen geht. Bei den über 100 Rezepten ist für jeden Geschmack und Ehrgeiz was dabei: Alltagssüßspeisen, die immer klappen und trotzdem was hermachen, sowie Feiertagsdesserts, die einen auch mal fordern können – und am Ende fürstlich belohnen. Sahniges und Fruchtiges, Ofenheißes und Eiskaltes, Traditionelles und Eigenwilliges, dazu Mehlspeisen zum Sattessen und Spezialrezepte von Baiser bis Soufflé. Wer sich einmal auf Sweet Basics einlässt, wird das so schnell nicht mehr vergessen.

Know-how

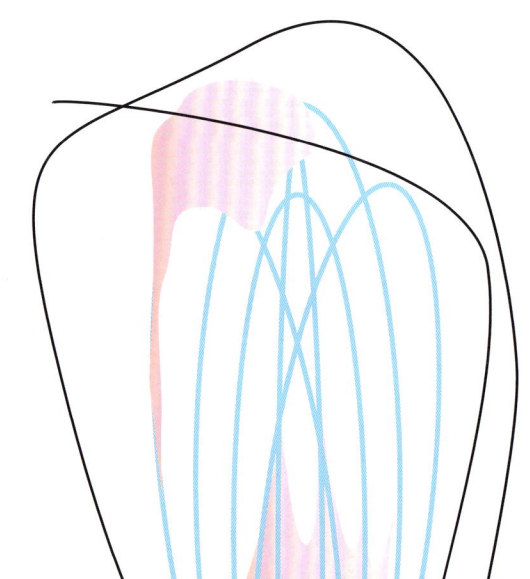

Die süße Schule

Leckere Lektionen für Hobbyzuckerbäcker von Grieß bis Karamell

Brei und Crème brûlée, Grütze und Götterspeise, Panna cotta und Parfait, die Welt der Patisserie ist voll schöner Vokabeln. Auf den nächsten Seiten wird deren Bedeutung erklärt sowie auch die Zubereitung der Speisen, die sich dahinter verbergen. Doch bevor es dann an die Rezepte geht, kommt noch der Blick in die Speisekammer, speziell auf Zucker und Schokolade. Und ab da kann's richtig süß werden.

Vom süßen Brei bis zur Crème chantilly

Mit dem Brei fing alles an – unser Leben als Genießer und die hohe Kunst der Patisserie mit Milch, Ei und Sahne.

»Brei« ist kein schönes, aber ein sehr deutsches Wort. Denn bis übers Mittelalter hinaus war ein sättigender Brei aus Wasser und Getreide die Grundmahlzeit auf den Tischen der Bauern in unseren Landen. An guten Tagen wurde er mit Milch gekocht, an sehr guten Tagen noch mit Butter, Zucker oder Ei dazu. Das war dann eine der ersten Süßspeisen.

Ich koche mir was Süßes

Der gute alte **Grießbrei** ist ein direkter Nachkomme des Ur-Breis und für viele von uns auch der erste Freund aus der süßen Küche. Das Grundrezept ist simpel: 1/2 l Milch wird im Topf aufgekocht und dann vom Herd gezogen. Nun 50 g Grieß (Weichweizen macht ihn geschmeidiger, Hartweizen verleiht mehr Biss) einrieseln lassen, dabei mit dem Kochlöffel rühren und den Topf wieder auf den Herd stellen. Jetzt den Brei schnell zum Kochen bringen und dabei ständig rühren, damit nichts anbrennt. Nach 5 blubbernden Minuten bei kleiner Hitze ist der Brei fertig. Ob man Zucker einrührt oder mit Zimt drüberstreut, ist Geschmackssache. 1 Prise Salz im Brei tut immer gut.

Der feinere Verwandte des Grießbreis ist der **Pudding:** Ihn bindet pudrige Stärke aus Getreide, Mais oder Kartoffeln, außer Aromen und Trennstoffen steckt auch nicht mehr in der Industrietüte. Die Zubereitung ist bei selbst gemachtem (Seite 56) wie Tütenpudding die gleiche: Stärke wird mit etwas kalter Milch glatt gerührt (sonst würde sie im Heißen klumpen), wie beim Grießbrei neben der Herdplatte in die heiße Milch eingerührt und dann durchgekocht. Wer keine Haut mag, streut nach dem Abfüllen in Schüsseln Zucker auf den heißen Pudding. Wer zuvor ein Stückchen Butter einrührt, schenkt ihm

Glanz, Eigelb gibt mehr Farbe und Bindung. Steif geschlagenes Eiweiß macht als Schnee Pudding wie Grießbrei lockerer, mehr dazu gleich. Und ganz rechts steht für süße Besserwisser, warum unser Pudding eigentlich gar keiner ist – sondern ein Flammeri.

Vom Ei der Schnee

»Eischnee« nannten Küchenpoeten den Schaum, der beim Schlagen von Eiweiß entsteht und Mousse, Soufflé oder Biskuit leicht und locker macht. Wichtig ist, dass kein Fett an das Eiweiß kommt, da der Schnee sonst nicht fest wird. Darum das Eiweiß stets sauber vom fetten Eigelb trennen. Ebenso sollten die Schüssel und der möglichst weiche Schneebesen gründlich gereinigt sein. Ist das Eiweiß gekühlt und kommt noch 1 Prise Salz oder etwas Zitronensaft dazu, schlägt sich der Schnee leichter und hält länger. Dabei wird der Schneebesen per Hand schwungvoll in kreisrunden Bewegungen geschlagen, den elektrischen Handrührer bewegt man durch die Schüssel, während er arbeitet. Kommt Zucker dazu, dann aber erst, wenn der Schnee schon steif zu werden beginnt. Am besten wird Eischnee gleich verarbeitet, sonst 10 Minuten kühlen und noch mal kurz anschlagen. Zum Unterheben ein Drittel des Schnees unter die Masse rühren, dann lässt sich der Rest leicht unterheben. Dazu am besten einen Teigschaber nehmen und dabei auch die Masse vom Boden der Schüssel »hochheben«. Und: Lieber noch ein paar Eiweißschlieren übrig lassen, statt die ganze Luft rauszurühren.

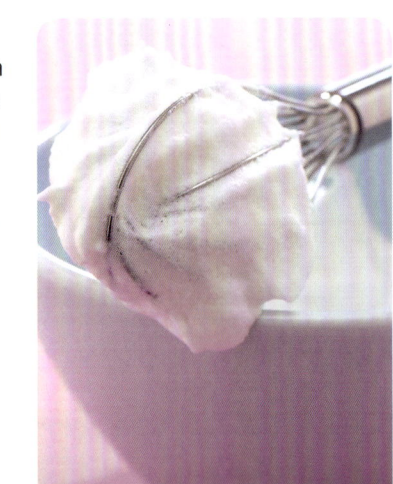

Eine warme Verbindung

Im Grunde bedeutet dem Zuckerbäcker das Eigelb mehr als das Eiweiß, weil es seinen Werken die Basis gibt. Denn wird Eigelb erwärmt, bindet es Flüssiges zum Beispiel in einer Creme oder Mousse. Damit dabei alles geschmeidig bleibt und kein Rührei daraus wird, wird Eigelb im heißen Wasserbad aufgeschlagen, statt direkt auf der Herdplatte (das trauen sich nur Vollprofis). Fürs **Wasserbad** braucht es einen weiten Topf, in den eine Metallschüssel mit möglichst rund gewölbtem Boden gehängt werden kann, und der zur Hälfte mit Wasser gefüllt ist. Das bringt man knapp zum Sieden (würde es kräftig kochen, würde das Ei später schnell wegen zu großer Hitze gerinnen), dann kommt die Metallschüssel mit Eigelb und Zucker in den Topf. Nun wird alles mit dem Schneebesen oder dem Handrührer wie beim Eischnee schaumig geschlagen, bis die Masse heiß, hell und dick-cremig ist. Dabei regelmäßig in jeden »Winkel« der Schüssel gehen, damit alles in Bewegung ist und nirgends ansetzen und stocken kann. Je nach Rezept kann man dann noch die Masse in einem kalten Wasserbad kalt rühren (nicht schlagen). Übrigens: Fortgeschrittene setzen die Schüssel in einen engeren Topf, sodass nicht das Wasser, sondern nur der Dampf die Hitze gibt. Da Dampf heißer ist als kochendes Wasser, beschleunigt er das Heiß- und Dickwerden der Masse (im Zweifel auch die Rühreibildung). Und: Außer Eigelb und Zucker kann auch noch heiße Flüssigkeit wie Milch bei der Bayerischen Creme (siehe rechts und Seite 76) oder Wein bei der Rotwein-Zimt-Sauce (Seite 132) mit in die Rührschüssel kommen. Diese wird am besten schon vorher etwas erhitzt, dann klappt's besser mit der warmen Verbindung.

Fünf süße Namen und was sie heißen

1 Flammeri
In klassischen Kochbüchern schreiben sie »Grieß-« oder »Vanilleflammeri«, wenn wir von Grießbrei oder Pudding reden. Denn Flammeri ist der Fachbegriff für Süßes, bei dem Flüssigkeit (meist Milch, manchmal Saft) mit Stärkehaltigem (z. B. Grieß) verkocht wird. Ob das nur für kalte oder auch warme Süßspeisen gilt und am Ende unbedingt gestürzt werden muss, darüber lässt sich streiten. Im Umgangs-Englischen ist der Pudding immer noch das, was er früher auch für uns war: ein in der Form im Wasserbad gegartes und meist so süßes wie mächtiges Etwas auf der Basis von Butter, Ei und Getreide. Im britischen Englisch steht »Pudding« sogar generell für »Nachtisch«.

2 Mousse
Klingt schlampig ausgesprochen zwar nach dem deutschen Mus, ist aber so weit davon entfernt wie Paris von Berlin. Denn »mousse« ist französisch für »Schaum«, der meist in Form von Eischnee oder Schlagsahne Luft in die Desserts bringt, die ansonsten mangels Flüssigkeit eher fest wären. Bestes Beispiel ist die berühmte Mousse au chocolat (Seite 86), bei der Schokolade und Eigelb durch Eischnee und/oder Sahne unglaublich locker werden.

3 Bayerische Creme
Vereinfacht gesagt, ist dies eine Mousse mit Vanillemilch, welche beim Aufschlagen warm zum Eigelb dazukommt. Darin löst man noch Gelatine auf, sodass die Masse beim Abkühlen zu Gelieren beginnt, dann wird Schlagsahne untergezogen ... voilà!: »Crème bavaroise«, wie der Patissier sagt. Das ganze Rezept steht auf Seite 76 und kann endlos aromatisiert und variiert werden.

4 Englische Creme
Ist Bayerische Creme minus Gelatine minus Sahne. Oder simpler gesagt: Mit Eigelb und Zucker erhitzte, gebundene Vanillemilch, die französisch »Crème anglaise« und englisch »custard« gerufen wird. Man kann aber auch einfach je nach Flüssigkeitsmenge Vanillecreme oder -sauce sagen.

5 Crème chantilly
Ist ganz schlicht geschlagene süße Sahne, die mit Vanille aromatisiert ist. Der Klassiker nicht nur zu Erdbeeren.

Vom Obstsalat bis zur Götterspeise

Früchte pur – das kann was Feines sein. Aber man kann das auch noch feiner machen. Wie und womit, das steht hier.

Ein ganz frisches und reifes Stück Obst der Saison ist ja schon ein Nachtisch für sich. Deswegen gilt es in den guten Lokalen Frankreichs, Italiens oder auch Asiens durchaus als schick, nichts als eine Spalte perfekt gereifte Melone zum Dessertbesteck zu servieren. Na gut, ein kleines Gläschen Süßwein dazu, das darf noch sein. Und ja, warum sollte man nicht die Melone bereits ein bisschen vorschneiden und mit diesem Leckerwein vermischen. Dazu dann vielleicht noch 'nen Löffel Crème fraîche oder Mascarpone oder gleich eine Kugel Eis? Da wären wir nun doch bei einem richtigen Dessert angelangt.

Obstsalat und Fruchtpüree

Ein **Obstsalat** zum Schluss erfrischt und entlastet die Mägen der Gäste wie das Pensum des Gastgebers. Damit das nach Dessert und nicht nach Not-Nachtisch aussieht, gibt es ein paar Regeln: Nur Früchte nehmen, die man auch sonst gerne essen würde. Dabei auf die Balance zwischen süß und sauer, weich und knackig sowie der Farben achten. Nicht zu viele Fruchtarten mixen, sondern lieber Akzente mit drei, vier Sorten setzen. Und eher auf Problemfälle wie Bananen (matschen) oder Himbeeren (färben) verzichten oder daraus ein Extra zaubern – etwa einen Fruchtsalat mit Bananenquark und Himbeerpüree.

Womit wir bei den **Fruchtpürees** wären. Sie passen vor allem zu sahnigen Desserts und Mehlspeisen. Dafür werden Früchte mit Zuckersirup (Seite 24) püriert und durchs Sieb gestrichen. Das geht gut mit Beeren, Steinobst wie Aprikosen oder Pfirsichen, Melonen oder Exoten wie Mangos. Äpfel und Birnen kocht man vorher weich, weil sie sonst braun werden, Ananas und Kiwis können roh Desserts aus Milchprodukten bitter machen.

Kompott und Konfitüre

Kommen wir nun zum Kochen von Obst, zum **Kompott**. Die einfachste Art ist es, Früchte mit hohem Wassergehalt wie Zwetschgen, Kirschen und andere Steinfrüchte sowie

Beeren nur mit Zucker zu erhitzen, bis der sich im ausgetretenen Fruchtsaft gelöst und ihn zu Sirup gemacht hat. Dieser kann sehr süß sein, weswegen man oft Wasser oder Wein zusetzt. Werden im Kompott »süße« Gewürze wie Sternanis, Vanille- und Zimtstange mitgekocht und beim Abkühlen dringelassen, gibt das Aroma. Um aus solch einem Kompott eine Sauce zu machen, wird es samt Saft püriert oder wie Pudding mit Stärke gebunden.

Für **Konfitüre** vermengt man Früchte mit Gelierzucker, der mit ausreichend Pektin (sorgt als Ballaststoff in den Pflanzen für Stabilität) versetzt ist, das Konfitüre gut gelieren lässt. Damit reicht kurzes Kochen zum Binden aus. Zur Probe Konfitüre auf einen Teller geben und anblasen. Bildet sich eine Haut, passt es. Traditionell wird das Obst fast zu gleichen Teilen mit normalem Zucker so lange gekocht, bis genug Flüssigkeit verdampft und der Zucker Sirup ist, sodass er die Konfitüre bindet. **Marmelade** darf offiziell nur heißen, was aus Zitrusfrüchten gekocht wird, die vor allem in Häuten und Schale viel Pektin haben. Daher kann sie meist mit reinem Zucker gemacht werden.

Fruchtgrütze und Kaltschale

Für die Ur-Grütze wurde Obst und Saft mit grobem Getreide verkocht. Bei der klassischen **Roten Grütze** hat man das Korn durch Stärkekügelchen ersetzt, Sago oder Tapioka genannt. Die werden aus tropischen Gewächsen (Sagopalme, Maniok) gewonnen und im Reformhaus oder beim Asiaten verkauft. Einfach mit Beeren und Saft mischen und kochen, bis sie glasig werden, und ihre Stärke bindet (Rezept auf Seite 80). Für die schnelle Version wie beim Pudding alles mit angerührter Stärke einmal durchkochen. Das ist simpel und schmeckt frisch, doch finden sich immer mehr Anhänger des Traditionsrezepts mit Sago und dem intensiveren Geschmack.

Bei der fruchtigen **Kaltschale** geht es noch einen Schritt weiter. Klassisch rührt man wie bei Schnell-Grütze und Pudding Stärkepulver mit Flüssigkeit an, bevor das dann mit Fruchtsaft verkocht und im Kühlschrank zur süßen kalten Suppe wird. Für die neuere Version werden Saft und Früchte nur noch püriert. Was einem lieber ist, muss jeder selbst entscheiden. Rezepte stehen auf Seite 65.

Drei süße Tipps zur Gelatine

1 Einweichen
Gelatine gibt es als Blätter und Pulver (Details stehen auf Seite 19). Beides wird in kalter Flüssigkeit eingeweicht, bevor sich die Gelatine durch Erhitzen auflöst und Creme, Gelee oder Götterspeise Halt gibt. Ideal ist es, wenn das Einweichen und Auflösen der Gelatine in der Flüssigkeit geschieht, die gelieren soll – für Gelee kann man das Pulver direkt in den Saft streuen. Wird die Flüssigkeit nach dem Erhitzen weiterverarbeitet, wie die Milch bei der Bayerischen Creme, sind Blätter besser, die zum Einweichen in kaltes Wasser kommen.

2 Auflösen
Nach etwa 10 Minuten sind die Blätter weich, glibbrig und noch fest genug, um sie gründlich mit den Händen auszudrücken. Das entfällt natürlich, wenn die Einweichflüssigkeit selbst geliert werden soll oder Pulver verwendet wird. Zum Auflösen die Flüssigkeit erwärmen, aber nicht kochen (das mindert die Bindung) und dabei vorsichtig rühren, es sollen keine Bläschen im Gelee sein. Und: Immer dran denken, dass Gelatine Geschmack bremst – also die Gerichte intensiv süßen oder aromatisieren. Außerdem wichtig: Wird Gelatine pur – also ohne extra Flüssigkeit – aufgelöst, nicht völlig ausdrücken, damit sie bei geringer Hitze »schmelzen« kann.

3 Vollenden
Bei Gelee und Götterspeise warten wir einfach ein paar Stunden, bis beides fest ist. Bei der Bayerischen Creme (siehe auch Seite 9) muss geschlagene Sahne rechtzeitig vorher gründlich unter die Eiermilch gezogen werden. Das geht am besten, wenn diese gerade zwischen flüssig und fest ist – so verbindet sich alles, ohne dass am Ende Geleeklümpchen in der Creme sind. Hat man den Moment verpasst, noch mal leicht erwärmen, abkühlen und erneut gelieren lassen. Und Achtung, wenn die pur aufgelöste Gelatine zu kalter Flüssigkeit kommt (das Abkühlen entfällt, das Gelieren geht schneller): Wird sie einfach reingegossen, geliert sie sofort zu Klümpchen, die nichts mehr binden. Daher erst mit ein wenig von der kalten Flüssigkeit so dünn verrühren, dass sie sich dann gut verteilt. Ist es schon schiefgegangen, alles noch mal sanft erwärmen, bis die Klümpchen weg sind, dann wieder gelieren lassen.

Von der Granita bis zur Eiscreme

Fürst Pückler zum Nachtisch? Na ja. Wer aber sein Eis selbst macht, ist immer fein raus. Auch mit Schoko, Vanille, Erdbeer.

Es ist gar nicht so schwer, Eismacher zu werden. Eine Metallschüssel und ein Mixer reichen dazu schon. Ein Tiefkühlgerät braucht es natürlich auch – was immer noch besser ist als die Eisblöcke, ohne die früher nichts ging bei Sorbet und Parfait. Da Kälte den Zutaten Geschmack nimmt, müssen sie erstklassig, hocharomatisch und ganz frisch sein; vor allem wenn Ei im Spiel ist, damit sich keine Salmonellen ausbreiten können. Abgeschmeckt wird süßer und kräftiger als gewohnt. Aber nicht mit zu viel hochprozentigem Alkohol, der wegen seines niedrigen Gefrierpunkts das Eis auch im Tiefkühler flüssig halten würde.

Was Eismacher nicht mögen, sind große Eiskristalle. Die bilden sich aus der Flüssigkeit der Eismasse, wenn diese gefriert. Lassen wir sie während des Tiefkühlens völlig in Ruhe, wachsen diese Kristalle ungehindert, das Eis wird fest und kratzig. Nicht lecker. Wenn die Masse dagegen beim Frieren gerührt wird und zudem einen hohen Fettgehalt hat, bleiben die Kristalle schön klein und wir haben ein geschmeidiges Produkt mit Schmelz. Es sei denn, es ist eine Granita – da ist der »crush« gewünscht.

Granita – das Eis mit dem Crush

Wer im Süden an der Bar steht, kennt die Maschinen mit buntem Inhalt auf der Theke, in denen die Granita umgewälzt wird. Eine tolle Erfrischung an heißen Tagen – vor allem, wenn sie selbst gemacht ist. Dazu braucht es Zuckersirup (Seite 24) und eine aromatische Flüssigkeit wie Fruchtsaft oder Kaffee. Manchmal ist es auch ein Fruchtpüree und immer können beim Kochen des Sirups Aromen dazukommen wie Zitrusschalen, Gewürze oder Liköre in Maßen. Diese Mischung wird gesiebt, in eine 2–3 cm hohe Metallschale gefüllt und angefroren. Sobald sie fest zu werden beginnt, wird sie mit der Gabel kräftig durchgerührt. Das wiederholt man alle 30 Minuten, bis die Granita nach 2–3 Stunden durchgefroren ist und den feinkörnigen Crush hat. Nun am besten gleich in Gläser löffeln und genießen. Rezepte gibt's auf Seite 89.

Sorbet – frieren und rühren

Ein Sorbet ist eine fortgeschrittene Granita. Auch hier besteht die Mischung aus erstklassigem Saft – öfter noch aus durchs Sieb gestrichenem Fruchtpüree – und Zuckersirup mit oder ohne Aroma. Dazu kommt leicht angeschlagenes Eiklar, ums geschmeidiger zu machen. Dies rührt man auf die einfache Art gleich am Anfang unter die Mischung, die 5 cm hoch in eine Metallschüssel gefüllt und in den Tiefkühler gestellt wird, der immer auf höchster Gefrierstufe steht (am besten noch die Schüssel 1 Stunde vorfrosten). Nun alles in 3–4 Stunden gefrieren lassen, wobei nach einer halben Stunde alle 30 Minuten mit der Gabel gerührt wird. Zum Schluss das Ganze mit dem Stabmixer oder Handrührgerät geschmeidig rühren und gleich servieren – Fruchtsorbets schmecken am Zubereitungstag am besten. Noch feiner werden sie auf die Profi-Art: Die fruchtige Mischung ohne Eiweiß und Rühren anfrieren lassen, mixen, Eiweiß unterschlagen und alles wie oben fertig gefrieren. Wird Sorbet in der Eismaschine gemacht, kommt das Eiweiß stets am Anfang dazu. Das fertige Sorbet kann mit einem Löffel zu Nocken geformt oder in Gläser gespritzt und mit Schaumwein oder Likör aufgefüllt werden. Rezepte auf Seite 88.

Parfait – eine feine halbe Sache

»Semifreddo« sagt der Italiener dazu, Halbgefrorenes. Die Grundmasse ist eine Art Mousse mit Ei und Sahne, was dem Parfait viel Fett verleiht. So kann es gefrieren, ohne dabei gerührt zu werden, und bleibt trotzdem relativ weich und geschmeidig. Da die Parfaitmasse nicht so flüssig ist, lassen sich darin süße Überraschungen verteilen, die wegen des geringen Wassergehalts nicht eishart gefrieren – Schokolade, Kekse, Nüsse, Kandiertes.

Für die Grundmasse wird Eigelb mit Zucker oder Zuckersirup (der macht das Parfait geschmeidiger) im heißen Wasserbad dick-cremig geschlagen (siehe auch Seite 9). Nun den Eischaum in Eiswasser kalt rühren und Aromen dazugeben – Liköre, Kaffee, intensiv schmeckende Fruchtpürees, am Ende dann noch angeschlagene Sahne unterziehen. Die Masse in eine längliche Metallform füllen und zugedeckt 4 Stunden gefrieren lassen. 30 Minuten vorm Servieren in den Kühlschrank stellen, falls nötig, kurz in heißes Wasser tauchen und stürzen. Nun kann das Parfait in Scheiben geschnitten werden. Rezept auf Seite 90.

Eiscreme – Kunst der Maschine

Anders als beim Parfait kommt bei der klassischen Eiscreme neben Ei und Sahne noch Flüssigkeit wie Milch dazu. Die würde beim Frieren ohne Rühren große Eiskristalle bilden. Deswegen muss sie oft durchgemischt werden, was am besten in einer Eismaschine geschieht. Zum Aromatisieren kann man in der Flüssigkeit Gewürze (Anis, Ingwer, Nelken, Vanille und Zimt) auskochen und Kakao, Schokolade, Marzipan oder Nougat auflösen.

Zur Zubereitung werden Eier, Zucker und Milch wie für Bayerische Creme aufgeschlagen (siehe auch Seite 9) und in Eiswasser kalt gerührt, dann mit angeschlagener Sahne vermischt und zu guter Letzt in der Eismaschine, wie auf der Bedienungsanleitung angegeben, gefroren. Anschließend am besten noch mal in den Tiefkühler damit – die Eiscreme schmeckt voller, wenn man sie ein paar Tage »reifen« lässt. Zum Servieren 15 Minuten in den Kühlschrank stellen und mit einem in heißes Wasser getauchten Esslöffel oder Eisausstecher Nocken, Locken oder Bällchen formen. Rezepte für Eiscreme ab Seite 88, für Eisbecher ab Seite 66.

Vom Sabayon bis zum Kaiserschmarrn

Alles, was warm ist: Die Klassiker der süßen Küche, die für Hauptgänge wie für die Kuchentheke taugen.

Wenn es heiß wird in der Patisserie, wird einem schnell warm ums Herz. Denn süße Knödel und knusprige Waffeln, zarte Soufflés und wonnige Mehlspeisen sind echtes Wohlfühlfutter, das auch schon mal für den Hauptgang oder statt Kuchen einspringen kann. Das heißt nun aber nicht, dass es da nur schwer und satt zugeht. Ein leichtes Sabayon, ein luftiger Quarkknödel oder ein paar schicke, süß gefüllte Wan-Tan – das alles zeigt, dass auch die warme Zuckerbäckerei ihre Feinheiten hat. Wir haben sie auf drei typische Orte der Küche aufgeteilt: den Topf, die Pfanne und den Ofen. Viel Freude.

Aus dem Topf: Schaum & Knödel

Vom warmen Aufschlagen von Ei, Zucker und mehr im Wasserbad haben wir schon ab Seite 9 gehört. Doch da geht es vor allem um die Basis für kalte Desserts wie Mousse oder Eiscreme. Aber man kann sich den Eierschaum auch warm halten, um zum Beispiel eine süße Sauce zu bekommen, die gut zu Mehlspeisen passt: Vanilleschaumsauce (mit Milch), Weinschaumsauce (toll mit Apfelwein, Sekt und sogar Rotwein) oder ein Sabayon mit Likör versetzt. Von da ist es nur noch ein Schritt nach Italien zur Zabaione, die eine Süßigkeit für sich ist. Wie auch die deutsche Biersuppe aus Bier, Ei und Zucker. Und wer ein bisschen Halt und Sicherheit beim warmen Aufschlagen mit viel Flüssigkeit braucht, rührt von Anfang an etwas Stärke ein (1 TL bei 1 l); soll die Sauce kalt gerührt werden und länger stabil bleiben, ist das sogar ein Muss.

Manche Sättigungsbeilagen aus dem Topf werden erst durch ein süßes Finish zu wahren Mehlspeisen. Wie etwa kleine Knödel aus Hefe- oder Kartoffelteig oder Nockerl mit Quark bzw. Topfen, wie man in Österreich sagt, die durch lieblich-zarte Saucen oder bunte Früchte zu echten Zuckerstücken werden. Wichtig ist, dass trotzdem immer Salz mit ins Kochwasser kommt, von dem eine feine Prise eigentlich jeder Mehlspeise gut tut. Rezepte für Süßes aus Dampf und Topf finden sich ab Seite 109.

Aus der Pfanne: Schmarrn & mehr

Das vielleicht wichtigste Gerät in der Mehlspeisenküche ist die Bratpfanne: In ihr werden süße Pflanzerl gebraten und Pfannkuchen, die auch mal Palatschinken sein und zu Schmarrn werden können. Gebratene Grießschnitten sind ein anderes Beispiel dafür in diesem Buch (Pfannenrezepte ab Seite 102) und eigentlich sind auch Waffeln eine Art süßes Pfannengericht. Fast immer gibt ihnen Butter oder Butterschmalz den runden Geschmack, was sich mit etwas Zucker schnell zu sattem Karamell verbinden kann. Wichtig ist dabei, dass die Pfanne vor der Zubereitung wirklich gut gereinigt worden ist – wer will schon, dass sein Kaiserschmarrn nach Kabeljau schmeckt? Am besten geeignet sind für die eher langsam und sanft gebratenen süßen Gerichte schwere Pfannen mit Antihaft-Beschichtung, in denen nichts ankleben kann. Wenn ein Schmarrn aber richtig Hitze bekommen soll, damit er schön knusprig wird – das vertragen Beschichtungen in der Regel nicht, weswegen die blanke Edelstahlbratpfanne dafür besser ist.

Aus dem Ofen: Soufflé & Strudel

Im Grunde kommen zwei Arten von süßen Sachen aus dem Ofen: jene, bei denen der Teig oder die Masse Hauptsache ist wie bei Aufläufen oder Soufflés (alles Wissenswerte hierzu inklusive der Rezepte steht auf Seite 120/121); und jene, bei denen Teig oder Masse nur eine Hülle oder Kruste sind wie beim Strudel oder den Gratins (süße Ofenrezepte ab Seite 105). Dabei hat jedes Stück seine Eigenheiten – gemeinsam ist allerdings allen,

dass sie nur dann wirklich richtig fein werden, wenn sie gleich nach dem »Zusammensetzen« oder Einfüllen in die gründlich gefettete Form in den Ofen kommen, fast immer auf Mittelschiene. Und wie jeder echte Zuckerbäcker sollte man diesen Ofen, seine wahren Temperaturen und Eigenheiten gut kennen, um zum Schluss das Beste rauszuholen.

Acht österreichische Mehlspeisen

1 Buchteln
Auch Wuchteln genannt. Gerollte Stücke aus Germteig (Hefeteig), die eng in der Form gebacken werden, sodass sie am Ende zusammenhängen und eckig sind. Enge Verwandtschaft zur bayerischen Rohrnudel, in kleiner Form »Dukatenbuchteln«. Werden meist kalt gegessen.

2 Dalken
Werden manchmal auch als (die ähnlich zubereiteten) Liwanzen bezeichnet: Man bestückt die Vertiefungen einer speziellen Pfanne mit Hefeteigstücken, backt sie darin und serviert sie mit Powidl (Zwetschgenmus) und Butter.

3 Koche
Steht im Österreichischen für süße Aufläufe (Semmelkoch), aber auch für Breie (Grießkoch).

4 Marillenknödel
Knödel (oft aus Kartoffelteig) gefüllt mit einer entsteinten Aprikose, in deren Mitte ein Zuckerstück sitzt. Serviert mit Bröselbutter, Puderzucker. Geht auch mit Zwetschge.

5 Nockerl
Kleine, runde »Spätzle« aus der Pfanne, die pikant und süß serviert werden. Salzburger Nockerl aber sind im Ofen oder in der Pfanne gegarte süße Eischneenocken.

6 Palatschinken
Österreichische Form von Pfannkuchen, die oft etwas dicker und gehaltvoller gebacken werden als jene.

7 Schmarrn
Eigentlich in der Pfanne gebratene Teigstücke (z. B. Grießschmarrn), die angereichert werden und auch pikant sein können (Erdäpfelschmarrn); meist aber aus zerrupften Palatschinken mit Mandeln, Rosinen, Butter und Zucker als Kaiserschmarrn gebraten.

8 Strauben
Hefe- oder Brandteig, der mit dem Spritzbeutel als kleine Krapfen, längliche Stäbchen oder auch Spiralen in heißes Ausbackfett gespritzt und darin frittiert wird. Heiß mit Zimt und Zucker eine Wucht!

Unsere kleine Süß-speisen-kammer

Unsere kleine Süßspeisenkammer

Nüsse und Kerne

Es ist der Knack, der's macht, zumindest wenn es um das ganze Stück geht. In Desserts trifft man aber nur selten massive Nüsse und Kerne an, wenn sie nicht gerade so klein und weich wie Pistazien und Pinienkerne sind. Besonders die Mandel gibt es in vielen Variationen von gestiftet (z. B. für Obstsalate), blättrig (für Mehlspeisen), gehackt (für Krokant) bis gemahlen (für Massen, Cremes). Unsere liebste Nuss ist aber immer noch die Haselnuss, und das nicht nur wenn sie als Aufstrich aufs Frühstücksbrot kommt. Sie kann ganz ähnlich wie Mandeln verwendet werden, hat aber mehr Aroma. Und das steigert sich ebenso wie bei Erd-, Macadamia-, Pekan-, Cashew- und Walnüssen sowie Kürbiskernen, wenn sie in der Pfanne trocken angeröstet werden. Noch warm lassen sie sich dann auch leichter hacken, abgekühlt gelingt dafür das Zerkleinern im Blitzhacker besser, ohne dass dabei ein pastöser Brei entsteht. Der wird nämlich durch das erwärmte Öl erzeugt, von dem in Nuss und Kern bis zu 60 Prozent stecken können. Und das Öl ist auch der Grund dafür, dass Nüsse und Kerne recht schnell ranzig und schlecht werden können, weswegen sie nach dem Öffnen von Schale wie Tüte möglichst schnell verbraucht werden sollen.

Zuckerzeug und Fertiges

Das, was hier so schön blinkt und leuchtet, ist vor allem Zucker – und drunter steckt meistens auch nichts Gesünderes. Aber darum geht es ja nicht, wenn ich mir mein Sahnehäubchen mit kleinen Liebesperlen bestreue oder kandierte Veilchen auf den Eisbecher setze. Es soll mein Dessert nur hübsch machen. Wenn das Zuckerzeug dann aber noch nach etwas schmeckt, ist das der Idealzustand – schön und gut sein zugleich. Im selben Regal liegen beim Kaufmann Dinge, die eher nur fein und praktisch sind und die darum auch gerne mitgenommen werden dürfen – obwohl man sie auch selber machen könnte: Vanillezucker oder Puddingpulver etwa. Von »Pudding ohne Kochen« oder »Pfannkuchen zum Anrühren« aber doch lieber die Finger lassen.

Butter

Eigentlich ist sie eher für Köche und Kuchenbäcker von Interesse, aber auch der Patissier nimmt sie gerne her. Vor allem, wenn er Mehlspeisen macht und – das simpelste Beispiel – die hitzefeste Form buttern muss, etwa für einen Auflauf. Und in dessen süßer Masse steckt oft auch Butter. Oder sie wird in Flocken mit etwas Zucker darübergestreut und dann gratiniert, wobei ein herrliches Karamellaroma entsteht. So haben sich die Briten sogar zur Butterscotchsauce inspirieren lassen. Und die Österreicher packen die Butter in und auf viele Mehlspeisen, wenn sie sie nicht sogar darin braten wie den Palatschinken. Aber auch in die traditionelle Mousse au chocolat gehört sie. Süßrahmbutter bindet sie wie auch andere Massen besser als Sauerrahmbutter, da sie sich aufgrund der fehlenden Säure geschmeidiger mit anderen Zutaten vereint.

Biskuits

Eigentlich sind sie ja fast eine Süßspeise für sich, die Löffelbiskuits und Amaretti, Cookies und Kekse. Aber zusammen mit Cremigem können sie sich noch mal zu etwas ganz Eigenem entwickeln, wie etwa zu Tiramisu und Zuppa Inglese oder Cookies-Icecream und Kalter Hund. Dabei müssen sie nicht nur untergemischt oder dazwischengesteckt werden, auch für eine Kruste ums Eis herum sind kleine Knusperkeksstückchen etwas Leckeres. Und ganz fein zerbröselt geben sie eine tolle Panade für süßes Frittiertes ab. Immer wichtig: Für Vieles ist ein guter Konditor die beste Einkaufsquelle. Hier gibt es Biskuitböden, Löffelbiskuits oder auch Baisers aus erster Hand.

Sahne

Der Zuckerbäcker nimmt Sahne, auf die Sachertorte kommt Obers – und beides meint dasselbe: das aufgerahmte Fett der Kuhmilch, das durch Schlagen in einen satten Schaum verwandelt wird. Damit das gelingt, sollte süße Sahne unbedingt kalt und fett genug sein (es geht los bei 28 %, »Schlagsahne« muss 30 % haben, ab 36 % steht »extra« mit drauf, ab 40 % heißt sie Crème double). Damit Sahne schmeckt, sollte es keine H- oder Sprühsahne sein. So verschönert sie nicht nur viele Desserts, sondern wird auch zum luftig-aromatischen Teil von ihnen, z. B. bei einer Creme oder Mousse, oder sie setzt Kontraste zu Eis, Parfait und Obst. Crème fraîche ist gesäuerte und angedickte Sahne wie auch Schmand und Mascarpone, der das Tiramisu adelt.

Konservierte Früchte

Dank des Zuckers gibt es getrocknete Trauben, Feigen, Aprikosen und Pflaumen genauso im ganz normalen Supermarktregal wie kandierte Kirschen, Exoten oder Zitrusfrüchte. Bei der ersten Gruppe konserviert der in den Früchten enthaltene Zucker zusätzlich zum Trocknen dieses dünnschalige Obst. Bei der zweiten Gruppe werden die Früchte in einen Zucker-Stärke-Sirup getaucht, wobei nach und nach der Zucker den Zellsaft ersetzt, danach wird das Obst ebenfalls getrocknet. Gruppe 1 steckt man vor allem in Mehlspeisen und Füllungen (z. B. Strudel), um sie von innen frisch und süß zu halten. Gruppe 2 kann wegen der Optik auch mit dazukommen, wird aber ebenso gerne als Finish für Eisbecher oder Cremes verwendet. Beide Sorten halten gut verpackt sehr, sehr lange, ebenso wie das Obst in Dosen, von dem wir noch gar nicht sprachen. Aber das muss auch nicht sein.

Gelatine

Bayerische Creme und Götterspeise sind zwei so schöne süße Dinge, dass man ernsthaft daran zweifeln kann, ob wirklich Schweineschwarte und Rinderknochen ihnen Halt geben. Genau aus diesen eiweißstrotzenden Teilen wird aber Gelatine gemacht, die man als dünne Blätter und Pulver (jeweils weiß oder rot) zum Einweichen sowie zum Sofortverarbeiten bekommen kann (Details zur Verwendung stehen auf Seite 11). Die BSE-Krise hat zwar den Ruf der Gelatine leicht ruiniert, und doch findet man sie immer noch in Gummibärchen, Lakritzfiguren oder Fertigjoghurts, während pflanzliche Alternativen wie Agar-Agar weiterhin eine kleine Rolle spielen.

Quark und mehr

Quark wird gerne für Süßspeisen genommen, und oft ist der pur schmeckende Magerquark am besten dafür (Zucker & Co. schenken noch genügend Kalorien). Aber auch aus Joghurt, Dickmilch, Buttermilch oder Kefir lassen sich feine Desserts machen, solange nichts im Topf erhitzt werden muss – denn da gerinnt das alles gnadenlos. Und die Eier gleich mit, wenn welche dabei sind.

Kuvertüre

Sie ist die robuste Schwester der feinen Schokolade. Durch ihren höheren Kakaobutteranteil entwickelt sie mehr Schmelz und mehr Stand, was beim Einhüllen von Pralinen ein Plus ist. (Nun wissen wir auch, warum Kuvert und Kuvertüre so ähnlich klingen.) Wer mehr über all das wissen will, schlägt auf Seite 22 und 23 nach – die sind ganz der Kuvertüre und Schokolade gewidmet, was die beiden als echte Diven sicher ganz toll finden.

Nougat und Marzipan

Geröstete, gemahlene Haselnüsse sind die Basis von dem, was wir Nougat nennen (das in seinem Ursprungsland Italien »gianduia« heißt). Beim Marzipan sind es ungeröstete, gemahlene Mandeln, die mit höchstens 35 % Puderzucker (bei nur 30 % ist es Edelmarzipan) und manchmal Rosenwasser vermengt werden. Um daraus etwa ein Glücksschwein zu formen, wird diese Marzipan-Rohmasse mit der gleichen Menge Puderzucker verknetet.

Eier

Keine Küche ohne Eier, die vor allem in vielen Desserts eine tragende Rolle spielen. Das Eigelb bindet Cremes, Massen oder Saucen, das Eiweiß (meist zu steifem Schnee geschlagen) lockert sie auf. Oft hat das Ei auch ungetrennt seinen Charme, wenn etwas eher fluffig und knusprig statt luftig bis trocken werden soll. Wichtig ist stets, dass die Eier möglichst frisch sind, denn so entfalten sie ihre Wirkung am besten – und sie bekommen einem auch, wenn sie wie in vielen Cremes nicht durchgegart sind.

Mehl und mehr

Kaum zu glauben, aber weißes Weizenmehl ist immer noch das beliebteste Getreideprodukt bei uns. Es muss also was dran sein an dem lange von Ernährungsprofis verteufelten Zeug. Und tatsächlich schmecken ein Kaiserschmarrn oder Soufflé mit ihm so richtig gut. Was einen trotzdem nicht einseitig werden lassen sollte – Dinkelmehl und Haferflocken sowie der Weizen als Grieß oder Schrot haben in der guten Zuckerbäckerküche ebenso ihren festen Platz wie das Feinste aus allem, die reine Stärke aus Mais, Weizen oder Kartoffeln für Puddings oder Massen. Dazu gesellen sich Tapioka-Stärke (aus den Wurzeln des tropischen Maniokstrauchs) und Sago (Mark von den Sagopalmen) – beides zu Kügelchen geformt.

Zucker

Das ist sie, die Zutat, die uns am häufigsten in diesem Buch begegnen wird. Und dabei macht sie nicht nur süß, sondern auch aromatisch: ein brauner Rohrohrzucker verleiht Desserts einen Karamellton, was aber auch ein weißer Zucker schafft, der goldbraun geschmolzen wurde (Seite 25). Zudem konserviert Zucker durch Kandieren (siehe ganz oben) und in Sirup kochen, und er kann auch noch garnieren als feiner Puderzucker oder grober Hagelzucker. Dazu gibt es noch seine geschmackvollen Geschwister, der Honig von Alpenwiesen bis Waldblüten sowie der Sirup aus Himbeeren oder Ahornbäumen. Die sollte man aber in Süßspeisen nicht eins zu eins für Zucker ersetzen, sonst läuft einem der Nachtisch davon. Fragen Sie am besten ihren Ernährungsberater.

Aus der Flasche

Zum Schluss ein paar Prozente, die in der süßen Küche durchaus einen Kick geben können. Sekt und Wein sind die klassischen Zutaten für schaumige Saucen und aromatische Sude oder zum Tränken von Gebäck. Konzentrierteres wird am besten verwendet, um Geschmäcker zu verstärken, statt sie zu dominieren: Whisk(e)y oder Rum passt zur Schokolade, die Obstbrände zur jeweiligen Frucht. Liköre sind oft gut fürs Finish – bei Eisbechern, Puddings und Obstsalaten. Aber natürlich geht es auch ohne Schwipps. Warum nicht mal Äpfel in Orangensaft pochieren oder ein Sabayon mit Ginger Ale machen?

Die 10 Basic-Supertricks

Süßes spritzen, schmelzen, schneiden, rollen

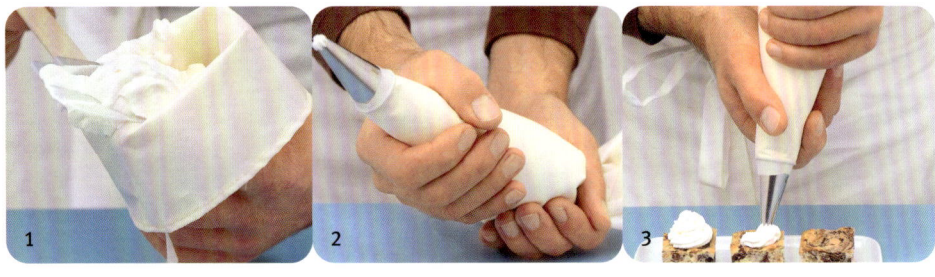

Schlagsahne spritzen

1• Spritztülle fest in die Spitze des Spritz-beutels stecken. Nun den oberen Beutel-rand wie eine Manschette eine Handbreit umlegen, eine Hand drunterschieben, mit der anderen Sahne in den Beutel füllen. 2• Rand hochschlagen und zudrehen. Dort den Beutel mit einer Hand halten und umschließen, dabei Luft aus der Spitze drücken. Mit der anderen Hand die Spitze umfassen. 3• Mit der Hand an der Spitze den Beutel gerade führen, während die andere obere Hand Sahne herausdrückt und den Beutel immer wieder eindreht.

Kuvertüre temperieren

1• Kuvertüre grob hacken und in einer Metallschüssel im Wasserbad (Seite 9) sanft schmelzen – sie sollte nicht heißer als 50 Grad werden. 2• Schüssel heraus-nehmen und sehr fein gehackte Kuvertüre (ein Drittel der ersten Menge) einrühren, bis alles gelöst ist und fest zu werden be-ginnt. 3• Die Kuvertüre im Wasserbad auf 30–33 Grad erwärmen. Details: Seite 22.

Schokospäne machen

1• Temperierte Kuvertüre dünn auf eine Marmor- oder Metallplatte streichen. 2• Wird sie fest, mit schräg gehaltenem Spachtel zu Röllchen schaben.

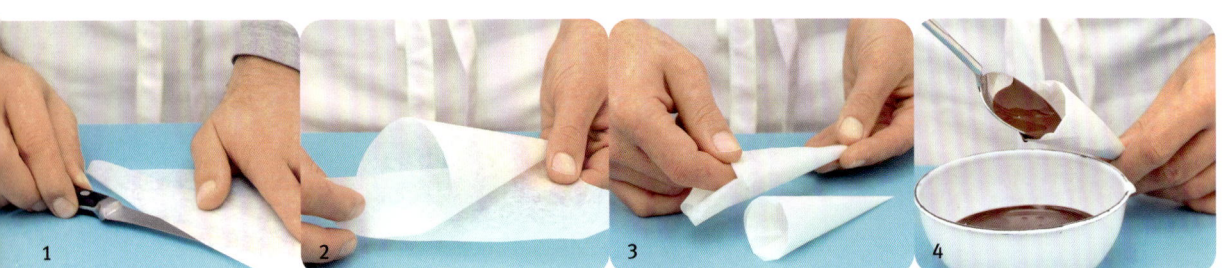 

Spritztütchen formen

1• Für Spritztütchen aus Pergamentpapier ein Dreieck wie oben im Bild schneiden. 2• Das Papier tütenförmig aufrollen, dabei die Spitze möglichst geschlossen halten. 3• Nun überstehende Ränder am oberen Tütenrand nach innen einschlagen. 4• Das Tütchen halbvoll mit temperierter Kuvertüre füllen, verschließen und ein Stückchen der Spitze abschneiden.

Ornamente spritzen

1• Auf Pergamentpapier Ornamente aus Kuvertüre spritzen, wobei eine Hand führt, die andere mit dem Daumen »auf die Tüte drückt.« Getrocknete Ornamente ablösen.

Schokoblätter machen

1• Stabile, gereinigte Rosenblätter mit der Unterseite kurz in temperierte Kuvertüre tauchen und diese fest werden lassen.
2• Nun die Blätter von der Kuvertüre abziehen – fertig sind die Schokoblätter. Gut als Deko für Cremes und Eisbecher.

Schokotrüffel verzieren

1• Ein engmaschiges Kuchen- oder Pralinengitter auf ein Blech setzen, Kuvertüre temperieren. Trüffel- oder Schokokugeln mit einer Pralinengabel in die Kuvertüre eintauchen. 2• Dann auf das Gitter legen und den Kugeln durch Rollen die typische Struktur geben. 3• Oder Schokotrüffel und anderes mit Kuvertüre überzogenes Konfekt frisch in Kakaopulver, Zucker, Puderzucker, grob gemahlenen Mandeln oder Nüssen, Kokosraspeln, Liebesperlen oder Schokostreuseln wälzen, bevor die Kuvertüre ganz fest wird.

Mango zerteilen

1• Die Mango hochkant aufs Brett legen. Das Fruchtfleisch längs in zwei Hälften flach vom Stein schneiden. Das am Stein verbliebene Fleisch schälen und herunterschneiden. 2• Jetzt entweder die Hälften schälen und in Scheiben teilen. 3• Oder das Fruchtfleisch in der Schale kreuzförmig einschneiden, ohne diese zu durchtrennen, umstülpen und Fleisch ablöffeln.

Pfirsich zerteilen

1• Den Pfirsich mit einem Messer längs rundherum bis zum Kern einschneiden.
2• Die Hälften gegeneinanderdrehen, bis sie sich lösen. Nun den Kern entfernen.

Strudel machen

1• Den Strudelteig (Seite 108) auf einem leicht bemehlten Tuch flach ausrollen, dann mit den Händen und schließlich mit den Handrücken zu einem fast durchsichtigen Teigrechteck ausziehen. 2• Den Teig aufs Tuch legen und mit flüssiger Butter bestreichen. 3• Füllung auf eine Längsseite des Teigs geben. 4• Von dort aus das Tuch leicht nach oben ziehen und damit den Teig samt Füllung zum Strudel aufrollen. 5• Strudel an den Seiten einschlagen und mit Hilfe des Tuchs auf ein Blech oder in eine Bratreine rollen/heben. Strudel mit flüssiger Butter bestreichen, backen.

Unsere kleine Schokoladenschule

Ein Stück Schoko – und die Welt ist in Ordnung. Damit das auch in der Küche so bleibt: Tipps zum Umgang mit der schönen Diva.

Schokolade hilft einem sofort dabei, sein Leben und Essen schöner zu machen. Habe ich mit ihr in der Zuckerbackstube zu tun, kann sie sich aber auch ganz schön schwierig geben. Doch mit ein wenig Grundwissen, Aufmerksamkeit und behutsamem Umgang kann ich das gute Stück mit seinen südamerikanischen Wurzeln leicht zähmen. Zum Dank verleiht sie meinen Kreationen Glanz und das gewisse Etwas.

Das Schmelzen und Temperieren

Kakao gibt der Schokolade ihren besonderen Geschmack, Kakaobutter Schmelz und Geschmeidigkeit. Beides wird in so aufwendigen wie schonenden Verfahren aus der Kakaobohne herausgeholt, getrennt und wieder vereint, wobei noch Zucker, Aromen und Zusätze dazukommen.

Das Endprodukt ist eine über Jahrhunderte verfeinerte Version der Ur-Schokolade, die einzelnen Sorten stellen wir ganz rechts vor. Für die süße Küche ist zuerst die Kuvertüre interessant, die einen höheren Anteil an Kakaobutter hat und damit erwärmt besser fließt und abgekühlt mehr Stand hat als Tafelschokolade. Patissiers nehmen auch für Mousse au chocolat Kuvertüre – erstklassige, die wir inzwischen auch bei uns kriegen können.

Wenn Profis etwas mit Kuvertüre überziehen möchten, »temperieren« sie diese, was heißt, dass sie sie im sehr sanften Wechsel erwärmen und wieder abkühlen, sodass sie Torten, Konfekt und Verzierungen seidigen Glanz statt stumpfe Mattigkeit verleiht. Dazu wird Kuvertüre gehackt und im warmen Wasserbad bei 40 (weiße und Vollmilchkuvertüre) bis 45 Grad (Zartbitterkuvertüre) geschmolzen. Ab 50 Grad können sich Kakaomasse und -butter trennen,

gegen dieses Gerinnen kann allenfalls noch Abkühlen und Wiedererwärmen helfen. Kommen beim Schmelzen Butter, Kokosfett, Sahne oder Zuckersirup dazu, kann es auch heißer als 45 Grad werden, mehr als 50 Grad sollten es aber auch dann nicht sein. Selbst Profis vertrauen hier auf Spezialthermometer statt auf ihr Fingerspitzengefühl.

Ist die Schokolade ordentlich geschmolzen worden, wird sie fast bis zum Festwerden wieder abgekühlt und nun auf die richtige »Betriebstemperatur« von 30 bis 33 Grad gebracht. Dann ist sie gerade flüssig genug, um Süßem eine Glasur zu geben, die sofort fest und glänzend wird. Steigt die Temperatur auf über 33 Grad, muss wieder abgekühlt und temperiert werden. Also: am besten ein Thermometer besorgen. Oder auf 100 g Kuvertüre 10 g Kokosfett zugeben, dann gibt sie sich nicht so heikel. Das Temperieren im Detail ist auf Seite 20 zu sehen.

Das Einrühren in Creme und Teig

Die gute Nachricht: Für eine Mousse oder einen Schoko-biskuit muss Kuvertüre nicht so aufwendig temperiert werden – einfaches Schmelzen reicht. Allerdings braucht es ein wenig Fingerspitzengefühl, damit sich schwere Kuvertüre und luftiger Eischaum perfekt miteinander verbinden, ohne dass eins von beiden dabei leidet. Wenn alles in etwa die gleiche gehobene Zimmertemperatur hat, geht das am besten. Den Takt gibt die Kuvertüre an, die sich bei Temperaturwechsel am schnellsten verändert – also den Eischaum oder -schnee und die Schlagsahne rechtzeitig fertig machen. Fettes verbindet sich leichter mit Kuvertüre, weswegen bei der Mousse erst die Sahne und dann der Eischnee untergehoben wird. In Cremes und Massen wird sie am besten langsam gegossen, während behutsam gerührt wird. Bei allem darauf achten, dass auch der Satz vom Boden gut untergezogen wird – und im Zweifel lieber etwas früher als zu spät mit dem Unterheben aufhören. Damit alles luftig bleibt.

Das Überziehen

Kleine Stücke wie Konfekt oder Früchte werden zum Glasieren in temperierte Kuvertüre getaucht. Für etwa 50 Stück brauchen wir 500 g davon, die knapp 5 cm hoch in der Schüssel stehen. Obst kann mit den Fingern eingetaucht werden, wenn nicht alles überzogen werden soll. Sonst helfen Holzspießchen oder auch Pralinen-gabeln aus dem Fachgeschäft, auf die man Konfekt stecken oder legen kann. Zum Überziehen die Stücke kurz eintauchen, abtropfen lassen und auf ein feines Gitter setzen, unter dem Backpapier den ablaufenden Rest auffängt. Bevor die Glasur ganz fest wird, die Stücke vom Gitter nehmen und auf Backpapier fest werden lassen.

10 Tafeln Schokolade und was drin steckt

1 Haushaltsschokolade
Sie ist die einfachste Form der puren Schokolade mit einem Gehalt an Kakaomasse (gemahlene Bohne samt ihrer Kakaobutter) von mindestens 30 %.

2 Haushaltsmilchschokolade
Bei Haushaltsmilchschokolade sind die Verhältnisse ein wenig anders (enthält neben Milch oft mehr Kakaobutter und weniger Kakaopulver) – es braucht hier nur 20 % Kakaomasse und ebenso viel Milchpulver.

3 Schokolade
Dunkle Schokolade ab 35 % Kakaomasse.

4 Milchschokolade
Beginnt bei 25 % Kakaomasse und endet bei 14 % Milch-pulver; Vollmilchschokolade startet bei 30 % Kakaomasse und endet bei 18 % Milchpulver.

5 Zartbitterschokolade
Sie enthält mindestens 43 % Kakaomasse.

6 Halbbitterschokolade
Sie beginnt bei 50 % Kakaomasse.

7 Bitterschokolade
Diese Sorten gehen bei 60 % Kakaomasse los, aber für echte Dunkelfreaks wird es erst ab 80 % und aufwärts interessant – es gibt sogar schon Schokoladen, die nur aus Kakaomasse bestehen. Bei den Hochprozentern haben Kakaosorte und -herkunft großen Anteil am Aroma.

8 Edelschokolade
Helle oder dunkle Sorten, bei der mindestens 40 % der Kakaomasse aus Edelkakao wie »Criollo« bestehen.

9 Weiße Schokolade
Enthält nur Kakaobutter, aber keine Kakaomasse.

10 Kuvertüre
Enthält jeweils mehr Kakaobutter als helle, dunkle, weiße Schokolade, damit praktischer zum Verarbeiten.

Unsere kleine Zuckerbäckerschule

Zum Schluss das Süßeste, denn ohne Zucker geht gar nichts in der Patisserie. Und er kann viel mehr als nur süß machen.

Bei aller Freundschaft zur Natur – hier geht es nicht um braunen Rohzucker oder gesunden Traubenzucker, sondern um den raffinierten aus der Rübe oder dem Rohr. Denn die Arbeit mit reinweißem Zucker hat in der Dessertküche eine lange Tradition, weil man ihn beim Auflösen, Schmelzen und Glasieren besonders zuverlässig handhaben kann. So ist er die beste Basis für glänzende Desserts und leuchtenden Karamell. Auf eins sollten wir dabei immer achten: Flüssiger Zucker kann sehr heiß werden. Daher immer die Finger von ihm lassen – umso mehr können sich Naschkatzen später auf etwas freuen.

Zuckersirup kochen

Mit Wasser zu Sirup gekochter Zucker ist Basis für viele raffinierte Desserts – vom Kompott über Liebesäpfel bis zum Sorbet –, und er kann auch zum praktischen Nachsüßen verwendet werden, weil er sich sofort löst. Die Zuckerköche unterscheiden dabei je nach Zuckergehalt zwischen leichtem Sirup (500 g auf 1 l Wasser, etwa für Obstsalate), mittlerem Sirup (500 g auf 700 ml, zum Dünsten und Pochieren von Obst) und mittelschwerem Sirup (500 g auf 1/2 l, für Fruchtpürees, Sorbets und Parfaits). Für schweren Sirup, auch unter Läuterzucker bekannt, werden 500 g Zucker in nur 300 ml Wasser gelöst, was den Sirup sehr haltbar macht. Er kann dann nach Bedarf verdünnt werden.

Damit der Sirup sauber verkocht und nicht kristallisiert, löst man den Zucker erst so gut wie möglich im Topf in warmem Wasser. Am besten beides eine Weile stehen lassen, dann gründlich verrühren und leicht anwärmen, bis keine Zuckerkörnchen mehr zu sehen sind. Nun wird alles erhitzt und noch 1 Minute gekocht – möglichst ohne Rühren, da auch das zum Auskristallisieren beiträgt. Im Inneren des Topfes können sich am Rand kleine Zuckerkristalle bilden, die am besten mit einem sauberen, in heißes Wasser getauchten Pinsel (ohne Kunsthaar) gelöst werden. Je nach Rezept nun den Zucker abkühlen lassen und weiterverarbeiten.

Zucker in Form kochen

Für die höheren Weihen in der Dessertküche wird Zuckersirup noch mehr konzentriert, um zum Beispiel Eiscreme
Stand zu geben, Früchte zu glasieren oder Zierrat aus
Zucker zu ziehen. Dabei löst man ihn in noch weniger
Wasser und kocht ihn noch länger. Die Fachausdrücke
reichen dabei von kleinem Faden über schwachem Flug
bis zum harten Bruch – was wir auf Seite 144 theoretisch
abklären. Ein paar praktischere Tricks aus der Zucker-
küche finden sich auf Seite 48/49.

Zucker karamellisieren

Die Verwandlung von Zucker zu Karamell ist da schon
eine leichtere Übung. Eigentlich müssen wir nur die
ganze Zeit aufmerksam sein und schnell reagieren, wenn
das Wunder geschieht. Es gibt zwei Methoden, Karamell
herzustellen: Zucker mit wenig Wasser (300 g mit 100 ml)
verrühren und leicht erwärmen, bis er sich gelöst hat –
wie beim Sirup zuvor. Dann den Sirup so lange einkochen
lassen, bis er zu bräunen beginnt, dabei nicht rühren und
mit einem feuchten kleinen Pinsel die Zuckerkristalle vom
Inneren des Topfs lösen, da sie sonst dort verbrennen.

Nach etwa 8 Minuten sollte der Zucker eine goldbraune
Farbe haben und sehr zähflüssig sein. Nun wird der Topf
sofort in eiskaltes Wasser gestellt, damit der Karamell
nicht zu dunkel und bitter wird. Oder man gießt heiße
Flüssigkeit an, wenn der Karamell ohnehin verkocht wird
(zum Beispiel beim Pudding). Aber Vorsicht, das kann
spritzen und zischen, da die Zuckermasse sehr, sehr heiß
ist. Daher auch nie mit den Fingern drangehen (wenn
doch, sofort in kaltes Wasser halten). Dass der Karamell
beim Ablöschen hart wird, ist normal – beim weiteren
Kochen löst er sich wieder. Daher nicht rühren, denn
sonst kann er kristallisieren.

Fürs trockene Karamellisieren – wenn harter Karamell
zum Verzieren gebraucht wird – kommt der Zucker 1 cm
hoch in den Topf, wird bei sanfter Hitze geschmolzen und
dann möglichst ohne Rühren golden und glasig gebräunt.
Soll mehr draus werden, kann jetzt noch Zucker dazukommen, geschmolzen und wieder karamellisiert werden.
Zum Schluss stellt man den Topf in kaltes Wasser, damit
das Bräunen gestoppt wird. Nachteil gegenüber der
Sirupmethode: Der Zucker kann die ganze Zeit über an-
brennen und muss stets beobachtet werden. Vorteil:
Am Ende ist garantiert kein Wasser mehr drin.

Rezepte

Candyshop

Sahnetoffees und gebrannte Mandeln, Schokosplitter und Gelee-früchte, Petit fours und Liebesäpfel ... wirkt's schon? Wenig findet den Weg zu unserem süßen Herz leichter als der feine Nasch-kram, mit dem wir groß geworden sind. Wobei es hier nicht um Supermarktlegenden geht, sondern um die Erinnerung an jene Stunden, die wir vor Konditoreitheken, Kirmesbuden und Läden mit so schönen Namen wie »Tausend süße Sachen« verbracht haben. Das ist doch nur Nostalgie? Wie wäre es dann mit Ras-el-hanout-Kipferln, Pinienkern-Orangen-Cantuccini, Aprikosen-Minze-Muffins? Na, wirkt's jetzt?

Sweets Of The Times

Der Brownie

Als der Brownie zu uns kam, hatten es sich Muffin und Cookie hier schon bequem gemacht. Daher ließ er sich erst mal in den Coffee-shops nieder, die damals aus jeder Großstadtnische zu springen begannen. So wurde er zum »sweet signature dish of the decade to go«, also zum süßen Markenzeichen jenes Jahrzehnts, das erst aufging wie ein Guglhupf und dann zusammenfiel wie Schokokuchen ohne Backpulver. Angeblich führte genau so ein missratenes Gebäck einst zur Erfindung des Brownies, der in den 90ern des 19. Jahrhunderts zuerst in einem Bostoner Kochbuch notiert wurde. Vielleicht ist das aber ebenfalls nur wieder so eine Story vom Wachsen durch Scheitern, wie man sie in den USA liebt (siehe auch rechts: »Fudge«).

Ein richtig guter Brownie ist von einer leicht kompakten Saftigkeit, die nach außen hin über die dünne, leicht knusprige Hülle verschwindet. Ihn so hinzubekommen (und nicht kuchentrocken oder kaugummi-zäh) ist gar nicht so einfach, weswegen man gute Coffeeshop-Zucker-bäcker immer an ihren Brownies (Seite 45) statt an den Muffins oder Cookies erkennt. Nach dem Platzen der Coffeeshop-Blase fusionierte der Brownie mit der Mousse au chocolat (Seite 74 und 86) und feiert nun als französischer Schokoladenkuchen neue Erfolge.

Wer **_Sahnetoffees*_** mag ...

... könnte auch das mögen:

Maronen-Zimt-Creme (Seite 54)
Crème brûlée mit Limette (Seite 78)
Flapjacks (Seite 44)
Karamellsauce (Seite 132)

(*Seite 32)

... Fudge

»Faaddschhh«, wie dieses Wort einem schon über die Zunge schlüpft! Gerade so wie jene weichen, porösen Bollen mit dem Butter-Karamell-Schmelz, die diesen Namen tragen. Auch wenn der Titel aus England kommt und »Pfusch« heißt, sollen sie Ende des 19. Jahrhunderts in Baltimore erfunden worden sein – angeblich aus dem verpfuschten Versuch, Karamellbonbons zu machen, der dazu führte, dass »fudge cooking« an US-Mädchenschulen zum Sport wurde. Wie der plombenziehende Toffee wird Fudge erst mal aus Butter, Zucker und Milch oder Sahne gekocht, aber bei geringerer Hitze. Aufschlagen beim Abkühlen macht ihn soft und etwas brüchig – die Zugabe von fettem Frischkäse bewirkt das jedoch ebenso (mehr zu beidem: nächste Seite).

Süße Typen

Minnie Muffin

Huch, sagt sie, heute habe ich ja Geburtstag, und da kommen bestimmt ein paar Leute am Nachmittag, weil ich doch meine schicke neue Caffè-Latte-Maschine noch gar nicht eingeweiht habe.

Ach, fragt sie, was backe ich denn da nur bloß, weil Kaufen geht ja gar nicht? Och, denkt sie, da mache ich mich jetzt nicht verrückt, sondern lieber ein paar Muffins. Hm, murmelt sie, mal sehen, was ich alles da hab': Schokobananen, Trockenaprikosen, Liebesperlen – na bitte, geht doch.

Little Minnie Muffin lebt nicht auf dem Sofa, sondern to go mit ordentlich Puderzucker drauf. Weswegen sie zum einen ziemlich spontan ist, sich aber trotzdem schwer entscheiden kann. Und daher kleine Überraschungen über alles liebt, von großen Torten aber ziemlich wenig hält. Lieber hat sie beim Backen und Naschen eine Hand frei, um das Handy stets bereitzuhaben oder neue Bekannte zu begrüßen. Denn gastfreundlich ist sie auf jeden Fall – wenn die Leute nicht zu lange bleiben. Denn wer weiß schon, was heute sonst noch passiert?

Zum schönen Schluss: RALLYE-STREIFEN

Im entscheidenden Moment braucht es nur eine beherzte Handbewegung, schon sehen Plätzchen, Cookies und Konfekt so rasant wie elegant aus – die Rede ist von süßen Rallye-Streifen aus Kuvertüre oder Glasuren in allen Farben.

Um das in feinen Schwüngen über die schönen Stücke zu verteilen, braucht es erst einmal ein Spritztütchen aus Pergamentpapier. Das Papier gibt's im Supermarkt, die Anleitung zum Tütchenrollen auf Seite 20. Dann muss noch die Kuvertüre temperiert (steht auch auf Seite 20) oder die Glasur gerührt werden (1 Eiweiß mit 200 g Puderzucker etwa 10 Minuten schlagen, dann einfärben).

Nun Kuvertüre oder Glasur ins Tütchen füllen, in das unten eine Öffnung von 2 mm geschnitten wird, und alles mit Druck aufs Tütchen und schwungvollen Handbewegungen über die auf einem Blech aufgereihten Kostbarkeiten verteilen. Trocknen lassen und verschenken.

Sahnetoffees

Zuckerwerk mit Knusperkrokant

Zutaten für etwa 36 Stück:
75 g Butter
250 g Zucker │ 150 g Sahne
50 g Haselnusskrokant (fertig gekauft)

Zubereitungszeit: 30 Minuten
+ 30 Minuten Kühlen
Kalorien pro Stück: 65 kcal

1_Die Butter in Stücke schneiden und mit dem Zucker und der Sahne in einem Topf bei mittlerer Hitze schmelzen lassen. Dann 12–15 Minuten köcheln lassen, bis die Masse karamellbraun, aber nicht zu dunkel ist. Immer dabeibleiben, aber nicht umrühren!

2_Eine flache Form (etwa 15 x 15 cm) mit Backpapier auskleiden und mit Haselnuss-krokant ausstreuen. Die Toffeemasse auf den Krokant gießen und glatt streichen, dann etwa 30 Minuten abkühlen lassen.

3_Die Toffeeplatte aus der Form auf ein Brett stürzen und das Papier abziehen. Die Platte mit einem großen Messer in knapp 2 cm große Toffees schneiden.

TIPP

Um zu probieren, ob die Toffeemasse die richtige Konsistenz hat, etwa 1/2 Teelöffel davon aus dem Topf nehmen und kurz abkühlen lassen. Wenn die Masse klebrig wird und beim Abbeißen an den Zähnen haften bleibt, passt alles.

Schokoladen-Kaffee-Fudges

Softer als Toffees

Zutaten für etwa 30 Stück:
100 g Zartbitterschokolade oder -kuvertüre │ 75 g Butter
125 g Zucker │ 75 g Honig
2 EL Instant-Espressopulver
1 Prise Zimtpulver
50 g Doppelrahm-Frischkäse
kandierte Veilchen oder Rosenblätter zum Verzieren

Zubereitungszeit: 30 Minuten
+ 1–2 Stunden Kühlen
Kalorien pro Stück: 65 kcal

1_Die Schokolade oder Kuvertüre fein reiben. Die Butter klein würfeln und mit dem Zucker und dem Honig in einem Topf erhitzen. Offen bei schwacher Hitze etwa 10 Minuten köcheln lassen.

2_Eine flache Form (etwa 16 x 16 cm) mit Backpapier auslegen. Die Schokolade mit dem Espressopulver, dem Zimt und dem Frischkäse unter die Buttermischung rühren und darin schmelzen lassen. Die Schokomischung gut 1 cm hoch in die Form füllen und abkühlen lassen. Dann 1–2 Stunden in den Kühlschrank stellen.

3_Die kalte Fudgemasse auf ein Brett stürzen und das Papier abziehen. Den Fudge in knapp 2 cm große Würfel schneiden. Kühl aufheben.

Kokos-Schoko-Riegel

Einpacken und mitnehmen

Zutaten für etwa 18 Stück:
200 g weiße Kuvertüre
50 g Sahne
1 Bio-Limette
2 EL ungesalzene Pistazienkerne
75 g Kokosraspel
100 g Zartbitterkuvertüre

Zubereitungszeit: 30 Minuten
+ 1 Stunde Kühlen (ohne Trocknen)
Kalorien pro Stück: 130 kcal

1_Die weiße Kuvertüre würfeln, mit der Sahne in eine Metallschüssel geben und im heißen Wasserbad schmelzen lassen.

2_Inzwischen die Limette heiß waschen und die Schale fein abreiben, Pistazienkerne fein hacken. 50 g Kokosraspel mit der Limettenschale und den Pistazien unter die Kuvertüre rühren.

3_Eine flache Form (etwa 16 x 16 cm) mit Backpapier auslegen und mit der Hälfte der übrigen Kokosraspel ausstreuen. Die Schokomasse einfüllen und mit den restlichen Kokosraspeln bestreuen. Leicht andrücken und abkühlen lassen. Etwa 1 Stunde in den Kühlschrank stellen.

4_Dann aus der Form stürzen, das Papier ablösen. Die Schokoplatte halbieren und die Hälften quer in gut 1 cm breite Riegel schneiden. Zartbitterkuvertüre fein hacken, in eine kleine Metallschüssel geben und im heißen Wasserbad schmelzen, über die Riegel gießen. Trocknen lassen.

Gebrannte Mandeln

Schmeckt nach Volksfest

Zutaten für 4–8 Personen:
200 g Mandeln | 100 g Puderzucker

Zubereitungszeit: 40 Minuten
Kalorien pro Portion (bei 8 Personen):
195 kcal

1_Die Mandeln in einem Topf knapp mit Wasser bedecken, aufkochen und ein paar Minuten kochen lassen. In ein Sieb abgießen, abschrecken, abtropfen lassen. Mandeln einzeln aus den Häuten drücken. Gründlich häuten, dann schmecken die Mandeln nachher viel besser!

2_Mandeln mit Küchenpapier abtupfen und mit Puderzucker und 1/8 l Wasser in einem Topf verrühren. Bei mittlerer Hitze langsam warm werden lassen und dabei immer mal wieder durchrühren. Wenn das Wasser verdampft ist (das dauert um die 10 Minuten), die Hitze ein bisschen höher stellen und weiterrühren, bis die Mandeln von einer braunen, aber durchsichtigen Schicht überzogen sind.

3_Ein Backblech oder ein Küchenbrett mit Backpapier auslegen. Die Mandeln vorsichtig (sie sind knallheiß!!!) daraufschütten und mit zwei Gabeln so auseinanderlösen, dass sie nicht aneinanderkleben. Abkühlen lassen. Aufheben kann man sie am besten in einem Schraubglas, da bleiben sie schön knusprig.

TIPP
Mandeln kann man in größeren Kaufhäusern und im Bio-Laden auch schon gehäutet kaufen, die kosten aber bestimmt das Doppelte wie ungehäutete!

Schokofrüchte
Vitamine in der Hülle

Zutaten für 4 Personen:
600 g gemischte Früchte (z. B. Äpfel,
Bananen, Kiwis, Erdbeeren und/oder
Aprikosen)
200 g Zartbitterkuvertüre
Zahnstocher oder kleine Spieße zum
Aufpicken

Zubereitungszeit: 30 Minuten
(ohne Trocknen)
Kalorien pro Portion: 275 kcal

1_Äpfel schälen, vierteln, entkernen und
grob würfeln. Bananen und Kiwis schälen.
Die Bananen in gut 1 cm dicke Scheiben
schneiden. Die Kiwis längs halbieren und
den Strunk aus der Mitte herausschneiden.
Die Kiwihälften ebenfalls in Scheiben
schneiden. Erdbeeren waschen und die
Kelchblätter keilförmig herausschneiden.
Aprikosen waschen, halbieren und die
Steine herauslösen. Aprikosenhälften
jeweils noch einmal längs halbieren. Alle
Früchte auf Zahnstocher oder Spieße
stecken. Ein Brett mit Backpapier oder
Butterbrotpapier auslegen.

2_Damit die Kuvertüre auf den Früchten
später schön glänzt, muss sie gut temperiert werden. Und das geht so: Kuvertüre
hacken, in eine Metallschüssel geben und
im heißen Wasserbad schmelzen lassen.
Dabei ein spezielles Thermometer ein-
setzen: Die geschmolzene Kuvertüre soll
auf 45 Grad erhitzt werden. Dann auf
etwa 26 Grad abkühlen lassen und zum
Schluss noch einmal auf 30–33 Grad erhitzen (siehe auch Seite 20 und 22).

3_Die Früchte zur Hälfte in die Kuvertüre
tauchen, mit der unschokoladigen Seite
aufs Papier legen und die Schokolade fest
und trocken werden lassen. Am besten
am gleichen Tag essen.

Schokosplitter

Könnten (!) 2 Wochen halten,
wenn nicht …

Zutaten für etwa 30 Stück:
150 g gehäutete Mandeln, Cashew-
nusskerne, Pinienkerne und Kürbiskerne
(nach Gusto gemischt)
100 g Zartbitterschokolade
100 g Vollmilchschokolade
25 g Kokosfett
1 EL Zucker
je 1 kleine Prise Zimt- und Chilipulver

Zubereitungszeit: 35 Minuten
(ohne Trocknen)
Kalorien pro Stück: 75 kcal

1_Die Nuss- und Samenkerne mittelfein
hacken. Beide Schokoladensorten grob
zerbrechen. Das Kokosfett in einen Topf
geben und bei schwacher Hitze schmelzen
lassen. Zucker und Schokostücke in das
flüssige Fett geben und umrühren, bis die
Schokolade geschmolzen ist.

2_Ein Backblech oder ein großes Küchenbrett mit Backpapier auslegen. Topf mit
der Schokolade vom Herd ziehen. Nüsse
und Samen mit Zimt und Chili gut untermengen. Die Mischung 10 Minuten im
Topf abkühlen lassen.

3_Dann mit einem Teelöffel kleine Häuf-
chen von der Schokomasse abnehmen
und nebeneinander auf das Backpapier
setzen. Die Schokosplitter fest und trocken
werden lassen. Dann gleich essen – oder
die Splitter in eine Dose verpacken, kühl
lagern und bis zu 2 Wochen lang gele-
gentlich davon naschen.

VARIANTE: Trockenfrüchte in Schokolade

Je 100 g Zartbitterkuvertüre und weiße
Kuvertüre wie beschrieben schmelzen.
Dann Trockenfrüchte wie Aprikosen, Äpfel,
Pflaumen und Bananen in die Schokolade
tauchen, fest und trocken werden lassen.
Diese Schokofrüchte kann man an einem
kühlen Ort ein paar Wochen aufheben.

Quitten-Geleefrüchte

Slow cooking

Viel Arbeit machen die fruchtigen Stückchen nicht, aber Zeit muss man schon mitbringen, das Kochen und Trocknen dauert einfach. Hinterher hat man aber eine Leckerei, die einfach super schmeckt!

Zutaten für etwa 80 Stück:
1 1/2 kg Quitten │ 1 1/2 kg Zucker

Zubereitungszeit: 1 Stunde
+ 1 1/2 Stunden Kochen
+ 2 Stunden Ziehen
+ etwa 3 Wochen Trocknen
Kalorien pro Stück: 90 kcal

1_Den Flaum von den Quitten mit einem Küchentuch oder mit Küchenpapier abreiben. Quitten auf dem Küchenbrett mit einem stabilen großen Messer in Achtel teilen und in einen Topf legen. So viel Wasser dazuschütten, dass die Früchte gerade davon bedeckt sind. Heiß werden lassen und zugedeckt bei mittlerer Hitze 30 Minuten kochen lassen.

2_Die Quitten vom Herd ziehen und im Kochsud etwa 2 Stunden stehen lassen, so geben sie noch mehr Aroma ab.

3_Dann die Quitten mit der Flüssigkeit durch die flotte Lotte passieren. Den Saft, der dabei entsteht, abmessen: Es sollen 1 1/2 l sein. Mit dem Zucker (falls weniger Saft enstanden ist, auch weniger Zucker nehmen, das Verhältnis muss 1:1 sein) in einem Topf mischen und wieder erwärmen. Ohne Deckel bei schwacher bis mittlerer Hitze etwa 1 1/2 Stunden kochen lassen, bis der Saft leicht dicklich ist und schön bernsteinfarben aussieht.

4_Backblech mit Backpapier auslegen. Den Saft etwa 1 cm dick daraufgießen und abkühlen lassen. Jetzt einen kühlen, möglichst staubfreien Raum suchen und das Gelee dort 1 Woche trocknen lassen.

5_Dann muss das Quittengelee gewendet werden, die Masse ist schon fest genug dazu. Mit einem zweiten Stück Backpapier belegen und umdrehen. Dann wieder aufs Blech legen und das obere Backpapier abziehen. Wieder 1 Woche trocknen lassen, dann noch mal umdrehen.

6_Nach 3 Wochen sollte das Gelee dann so fest sein, dass man es schneiden kann. Ein Messer mit langer Klinge in lauwarmes Wasser tauchen und das Quittengelee in Rauten schneiden. Und endlich sind die Geleefrüchte fertig! In einer Dose, mit Butterbrotpapier zwischen den Lagen, kann man sie ein paar Monate lang aufheben und genießen!

Eispralinen

Noch besser als das Eiskonfekt im Kino

Zutaten für etwa 36 Stück:
125 g Nussnougat │ 200 g Sahne
1 TL Instant-Espressopulver
3 Eigelb (Größe M) │ 2 EL Zucker
2 Eiweiß (Größe M)
300 g weiße Kuvertüre
bunte Zuckerstreusel zum Verzieren (besonders hübsch: lavendelfarbene aus dem Candyshop)

Zubereitungszeit: 1 Stunde
+ 4 Stunden Tiefkühlen
Kalorien pro Stück: 90 kcal

1_Das Nussnougat würfeln und mit 50 g Sahne und dem Espressopulver in eine Metallschüssel füllen und im heißen Wasserbad schmelzen lassen. Dabei ab und zu umrühren, dann geht es schneller. Lauwarm abkühlen lassen.

2_Die Zeit kann man nutzen: Eigelbe und Zucker schön schaumig schlagen. Übrige Sahne und Eiweiße getrennt steif schlagen. Erst das Nougat unter die Schaummasse rühren, dann Sahne und Eischnee mit dem Schneebesen unterheben.

3_Eine flache Form (etwa 18 x 18 cm) mit Klarsichtfolie auskleiden. Nougatmasse einfüllen und in der Form in den Gefrierschrank oder ins Gefrierfach stellen. In etwa 4 Stunden gut festfrieren lassen.

4_Dann die Kuvertüre fein hacken, in eine Metallschüssel geben und wie vorher das Nougat im heißen Wasserbad schmelzen lassen, dabei immer wieder mal umrühren.

5_Nougateis aus der Form auf ein kühles Brett stürzen, Folie abziehen. Das Eis mit einem Messer in etwa 2 cm große Würfel schneiden. Nur ein paar Würfel auf dem Brett lassen, den Rest wieder tiefkühlen.

6_Die Würfel nacheinander mit einer Gabel in die Kuvertüre tauchen, auf ein zweites Brett legen, mit Zuckerstreuseln verzieren und gleich wieder ins Gefrierfach stellen. Auf diese Weise nach und nach alle Nougatwürfel verarbeiten. Und dann – auch nach und nach – die Pralinen aus dem Gefrierfach naschen.

Kardamom-Schoko-Plättchen

Superlecker zum Espresso

Zutaten für etwa 70 Stück:
2 TL Kardamomsamen (so kaufen oder aus 20–30 grünen Kardamomkapseln herauslösen)
200 g Zartbitterschokolade (etwa 70 % Kakaoanteil sollte sie schon haben)
1 EL Honig

Zubereitungszeit: 15 Minuten
(ohne Trocknen)
Kalorien pro Stück: 15 kcal

1_Die Kardamomsamen in einer Pfanne bei schwacher Hitze 1–2 Minuten unter Rühren anrösten, bis sie fein zu duften anfangen. In den Mörser schütten und mit dem Stößel so fein wie möglich zerdrücken. Je feiner das Pulver wird, desto besser verteilt sich später der Geschmack in der Schokolade.

2_Die Schokolade in Stücke brechen und in eine Metallschüssel füllen. In ein heißes Wasserbad setzen und schmelzen lassen. Dabei immer mal durchrühren, dann geht es schneller.

3_Ein Küchenbrett oder Backblech mit Backpapier auslegen. Kardamom und Honig unter die Schokolade rühren. Die Schokolade etwa 3 mm dick auf das Papier streichen, trocken und fest werden lassen. Dann in Stücke brechen und in einer gut schließenden Dose im Kühlschrank aufbewahren.

Nougatpralinen

Zergehen auf der Zunge

Zutaten für etwa 60 Stück:
350 g Nussnougat
150 g Zartbitterschokolade
1 EL frisch gebrühter Espresso
50 g Pinienkerne
150 g schwach kandierte Früchte
(aus dem Frucht- oder Reformhaus,
z. B. Melone und Aprikosen, ersatzweise
100 g normal kandierte Orangen oder
100 g weiche Trockenaprikosen)
200 g Zartbitterkuvertüre

Zubereitungszeit: 45 Minuten
+ 3 Stunden Trocknen
Kalorien pro Stück: 70 kcal

1_Das Nussnougat in eine Metallschüssel legen. Die Schokolade in Stücke brechen und mit dem Espresso dazugeben. Im heißen Wasserbad schmelzen lassen. Dabei immer wieder umrühren, so geht es schneller und schön gleichmäßig.

2_Die Pinienkerne in einer Pfanne bei mittlerer Hitze unter Rühren goldbraun rösten. Kandierte Früchte in kleine Würfel schneiden. Das geht am besten, wenn man das Messer immer wieder in lauwarmes Wasser taucht, dann pappt es nicht so an den klebrigen Früchten fest.

3_Eine flache Form (etwa 15 x 15 cm) mit Klarsichtfolie auskleiden. Pinienkerne und kandierte Früchte unter die Nougatmasse rühren. In die Form füllen und glatt streichen. In etwa 2 Stunden ganz fest werden lassen.

4_Dann die Kuvertüre fein hacken und ebenfalls im Wasserbad schmelzen. Die Nougatmasse aus der Form heben, Folie abziehen. Das Nougat in etwa 3 cm große Würfel schneiden. Ein Backblech oder ein großes Brett mit Butterbrot- oder Backpapier auslegen. Nougatwürfel einzeln auf eine Gabel legen, mit der Unterseite in die Kuvertüre tauchen und auf das Papier setzen. Wieder mindestens 1 Stunde trocknen lassen, dann sind die Pralinen fertig. Was nicht gleich gegessen wird, im Kühlschrank aufheben.

TIPP
Nussnougat gibt es in jedem Supermarkt in der Packung. Noch besser schmeckt allerdings das aus dem Feinkost- oder Schokoladengeschäft.

Gewürztrüffel

Schmelz mit orientalischer Note

Zutaten für etwa 50 Stück:
200 g Zartbitterkuvertüre
100 g Vollmilchschokolade
150 g Sahne
50 g zimmerwarme Butter
1/2 TL Zimtpulver
1/4 TL gemahlener Kardamom
1/8 TL frisch gemahlener Pfeffer
1 Prise Chilipulver
Zum Wälzen:
50 g Kakaopulver
1/2 TL Zimtpulver

Zubereitungszeit: 40 Minuten
+ Ruhen und Kühlen über Nacht
Kalorien pro Stück: 50 kcal

1_Die Kuvertüre und die Schokolade fein hacken. Sahne in einem Topf aufkochen, Kuvertüre und Schokolade untermischen und unter Rühren in der Sahne schmelzen lassen. Die Masse abkühlen lassen, aber nicht so lang, dass sie wieder fest ist.

2_Die Butter mit den Gewürzen cremig schlagen, die Schokosahne dazugeben und gleichmäßig unterrühren.

3_Schokomasse in einen Spritzbeutel füllen und auf ein Plastik-Küchenbrett nebeneinander knapp walnussgroße Tupfen spritzen. Locker mit Klarsichtfolie abdecken und über Nacht in den Kühlschrank stellen.

4_Am nächsten Tag Kakao mit Zimt in einem tiefen Teller mischen. Hände kalt waschen und abtrocknen. Die Schokotupfen zwischen den Handflächen rasch zu runden Kugeln drehen und in der Kakaomischung wälzen. Auf eine Platte legen. Hände dabei immer mal wieder kalt abspülen und trocknen, damit die Trüffelmasse in den warmen Händen nicht zu weich wird und anklebt.

VARIANTE: Kaffeetrüffel

Statt der Gewürze 1 EL Instant-Espressopulver mit der Butter cremig schlagen. Sonst bleibt alles gleich.

Marzipan-Nuss-Kugeln

Zum Verschenken gut

Zutaten für etwa 60 Stück:
25 g Pistazienkerne
1/2 Bio-Orange
400 g Marzipan-Rohmasse
100 g Haselnusskrokant (fertig gekauft)
1/4 TL grob gemahlener schwarzer Pfeffer
1 EL Orangenlikör (nach Belieben)
250 g Zartbitterkuvertüre
Zum Verzieren:
kandierte Veilchen oder Rosenblätter, bunte Zuckerkügelchen, in Schokolade getauchte Kaffeebohnen oder ähnliches

Zubereitungszeit: 30 Minuten
+ 1 Stunde Trocknen
Kalorien pro Stück: 65 kcal

1_Die Pistazienkerne fein hacken. Die Orangenhälfte heiß waschen und die Schale fein abreiben.

2_Marzipan in kleine Würfel schneiden und mit Krokant, Pistazien, Orangenschale, Pfeffer und eventuell dem Orangenlikör in eine Schüssel füllen.

Mit den Händen gründlich durchkneten. Aus der Masse knapp walnussgroße Kugeln formen.

3_Kuvertüre fein hacken, in eine Metallschüssel geben und im heißen Wasserbad schmelzen lassen. Dabei ab und zu umrühren. Ein Backblech oder ein großes Küchenbrett mit Butterbrot- oder Backpapier auslegen.

4_Die Marzipankugeln mit einer Gabel einzeln in die Kuvertüre tauchen und auf das Papier setzen. Gleich mit Veilchen, Rosenblättern, Zuckerkügelchen oder Kaffeebohnen verzieren. Die Kuvertüre in mindestens 1 Stunde fest werden lassen.

TIPP

Wer gerne öfter Pralinen machen will, sollte sich am besten Pralinengabeln anschaffen. Es gibt sie in unterschiedlichen Ausführungen (mit feinen langen Zinken, spiralförmig, oval), und sie sind ideal, um Trüffel & Co. in geschmolzene Kuvertüre zu tauchen. Auch nicht übel: ein feinmaschiges Pralinen-Abtropfgitter.

Pinienkern-Orangen-Cantuccini

Abwandlung des toskanischen Klassikers

Zutaten für etwa 45 Stück:
1 Bio-Orange
150 g Pinienkerne
250 g Mehl
1/2 Päckchen Backpulver
100 g Zucker
1 Prise Salz
1 Ei (Größe M)
2 Eigelb (Größe M)
2 EL Olivenöl

Zubereitungszeit: 30 Minuten
+ 30 Minuten Backen
Kalorien pro Stück: 60 kcal

1_Orange heiß waschen und die Schale fein abreiben, den Saft auspressen. Die Pinienkerne in eine Pfanne schütten und bei mittlerer Hitze goldgelb rösten. Dabei immer rühren und gleich aus der Pfanne nehmen, wenn sie zu dunkel werden.

2_Backofen auf 180 Grad vorheizen (auch schon jetzt einschalten: Umluft 160 Grad). Das Mehl mit der Orangenschale, dem Backpulver, dem Zucker und dem Salz mischen. Das Ei, 1 Eigelb und das Olivenöl mit etwa 3 EL Orangensaft und den Pinienkernen dazugeben und alles zu einem glatten Teig verkneten.

3_Den Teig zu einer Rolle (etwa 3 cm Ø) formen, einmal quer durchschneiden und die beiden Rollen auf ein Backblech legen. Etwas flacher drücken und mit dem restlichen Eigelb einpinseln.

4_Die Teigrollen im Ofen (Mitte) etwa 20 Minuten backen. Dann aus dem Ofen nehmen und etwa 10 Minuten abkühlen lassen. Jetzt in gut 1 cm dicke Scheiben schneiden. Die Scheiben nebeneinander wieder auf das Backblech legen und noch einmal etwa 10 Minuten backen, bis sie schön knusprig sind. Abkühlen lassen.

TIPPs
Die Cantuccini einfach so essen oder in Espresso oder Vin Santo tunken.
Die Kekse halten sich in einer Blechdose mehrere Wochen frisch.

Ras-el-hanout-Kipferl

Orientalisch gewürzt

Zutaten für etwa 45 Stück:
1/2 Bio-Zitrone
250 g Mehl
50 g gemahlene Mandeln
1 Päckchen Vanillezucker
1 1/2 TL Ras-el-hanout (marokkanische Gewürzmischung, gibt es im Asia- oder Orient-Laden)
70 g Zucker
150 g Butter
1 Eigelb (Größe M)
100 g Zartbitterkuvertüre

Zubereitungszeit: 1 Stunde
+ 1 Stunde Kühlen
Kalorien pro Stück: 70 kcal

1_Zitrone heiß waschen und die Schale fein abreiben. Schale in einer Schüssel mit Mehl, Mandeln, Vanillezucker, Ras-el-hanout und Zucker mischen.

2_Butter in kleine Würfel schneiden und mit dem Eigelb zum Mehl in die Schüssel geben. Alles mit den Knethaken des Handrührgeräts oder mit den Händen zu

einem glatten Teig verkneten. Zur Kugel formen, in Butterbrotpapier wickeln und 1 Stunde in den Kühlschrank legen.

3_Backofen auf 170 Grad vorheizen (auch schon jetzt einschalten: Umluft 150 Grad). Das Backblech mit Backpapier auslegen. Vom Teig walnussgroße Stücke abzupfen und zu kleinen Rollen formen, die an den Enden spitz werden. Zu Hörnchen biegen und auf das Blech legen. Im Ofen (Mitte) etwa 12 Minuten backen. Abkühlen lassen.

4_Inzwischen Kuvertüre fein hacken, in eine Metallschüssel geben und im heißen Wasserbad schmelzen lassen. Dabei ab und zu umrühren. Die Kuvertüre in Linien über die kalten Kipferl laufen lassen, fest werden lassen.

TIPPs
Wer Ras-el-hanout nicht bekommt, stellt sich seine eigene Gewürzmischung zusammen: je 1 kräftige Prise Zimt- und Nelkenpulver, frisch geriebene Muskatnuss sowie frisch gemahlenen weißen Pfeffer, Kardamom und Koriander gründlich miteinander vermischen.
Die Kipferl halten sich in einer Blechdose mehrere Wochen frisch.

Anis-Rotwein-Plätzchen

Schmecken zum Wein oder zum Espresso

Zutaten für 25 Stück:
1 EL Anissamen
200 g Mehl
1 gehäufter TL Backpulver
80 g Zucker + Zucker zum Wälzen
1 Prise Salz
4 EL Olivenöl
75 ml Rotwein

Zubereitungszeit: 25 Minuten
+ 15 Minuten Backen
Kalorien pro Stück: 60 kcal

1_Die Anissamen in einer Pfanne unter Rühren bei mittlerer Hitze etwa 1 Minute rösten, bis sie würzig duften. Die Samen in den Mörser schütten und mit dem Stößel so gut wie möglich zerdrücken (ganz fein geht das nicht).

2_Backofen auf 180 Grad vorheizen (auch schon jetzt einschalten: Umluft 160 Grad). Das Backblech mit Backpapier auslegen.

3_Das Mehl mit dem Anis und dem Backpulver, Zucker und Salz mischen. Olivenöl und Rotwein dazugießen und alles zu einem glatten Teig verkneten. Zu einer Rolle (etwa 4 cm Ø) formen.

4_Die Teigrolle in Zucker wälzen und mit einem großen Messer in knapp 1 cm dicke Scheiben schneiden. Teigscheiben nebeneinander auf das Blech legen ud im Ofen (Mitte) etwa 15 Minuten backen. Dann die Plätzchen etwas abkühlen lassen und vom Blech lösen.

TIPP
Die Plätzchen halten sich in einer Blechdose mehrere Wochen frisch.

Petit fours

Schön klein und schön bunt

Zutaten für etwa 21 Stück:
Für den Biskuit:
5 Eier (Größe M)
1 Prise Salz
100 g Zucker + Zucker zum Bestreuen
1 Päckchen Vanillezucker
125 g Mehl
1 Messerspitze Backpulver
Für die Füllung und Glasur:
150 g Erdbeeren, Aprikosen oder
Mangofruchtfleisch
50 g Erdbeer- oder Aprikosenkonfitüre
oder Orangenmarmelade
150 g Marzipan-Rohmasse
350 g Puderzucker
etwa 5 EL Zitronensaft
Lebensmittelfarbe
Zum Verzieren:
bunte Zuckerkugeln, kandierte Veilchen,
Rosenblätter, Schokoblättchen und vieles
mehr (aus dem Candyshop) und/oder
geschmolzene Kuvertüre

Zubereitungszeit: 1 1/2 Stunden
(ohne Trocknen)
Kalorien pro Stück: 170 kcal

1_Backofen auf 200 Grad vorheizen (auch schon jetzt einschalten: Umluft 180 Grad). Das Backblech mit Backpapier auslegen.

2_Für den Biskuit die Eier trennen. Die Eiweiße mit den Quirlen des Handrührgeräts steif schlagen. Wenn sie fest zu werden beginnen, Salz, Zucker und den Vanillezucker einrieseln lassen.

3_Die Eigelbe nach und nach unter den Eischnee rühren – immer nur so lang, bis man keine Eigelbspuren mehr sieht. Wenn die gesamten Eigelbe verarbeitet sind, Mehl mit Backpulver mischen und auf die Creme häufen. Mit dem Schneebesen locker, aber gründlich unterheben.

4_Teig auf dem Backblech verstreichen, und im Ofen (Mitte) etwa 12 Minuten backen. Ein Küchentuch auf der Arbeitsplatte ausbreiten und dünn mit Zucker bestreuen. Gebackenen Biskuit mit Schwung auf das Tuch stürzen und das Backpapier vorsichtig abziehen. Biskuit auskühlen lassen, dann in drei gleich große Platten schneiden.

5_Für die Füllung die Früchte waschen, putzen, schälen oder entsteinen und klein schneiden. Mit Konfitüre oder Marmelade mischen und zwei Biskuitplatten damit bestreichen. Diese zwei Biskuitplatten mit der bestrichenen Seite nach oben zusammensetzen, die unbestrichene Platte auflegen. Alles leicht zusammendrücken, die Ränder schön glatt schneiden.

6_Das Marzipan mit 50 g Puderzucker verkneten und zu einem länglichen Stück formen. Auf wenig Puderzucker mit dem Nudelholz zu einer dünnen Platte in Größe des Biskuitstapels ausrollen. Dabei ab und zu mit den Händen in Form drücken, damit die Proportionen stimmen.

7_Den restlichen Puderzucker mit dem Zitronensaft zu einem dickflüssigen Guss verrühren. Die obere Biskuitplatte dünn damit einstreichen, die Marzipanplatte vorsichtig von der Arbeitsfläche lösen und auf den geschichteten Biskuitstapel legen. Leicht andrücken und dadurch ankleben.

8_Den Biskuitstapel samt dem Marzipandeckel mit einem langen Messer in knapp 4 cm große Würfel schneiden. Und jetzt wird es kreativ ...

9_Den übrigen Guss einfärben – in einer Farbe oder auch in mehreren, dafür den Guss aber vorher halbieren oder dritteln. Petit fours damit rundherum bestreichen. Auch schön und klassisch: einen Teil vom Guss abnehmen und dunkler färben als den Rest. Biskuitwürfel mit der helleren Glasur einpinseln, leicht trocknen lassen. Dann den dunkleren Guss in feinen Linien darüberlaufen lassen – entweder richtig wild mit der Gabel oder ganz ordentlich mit dem Spritzbeutel.

10_In jedem Fall: Noch bevor die Glasur trocken ist, die Petit fours nach Belieben mit bunten Zuckerkugeln, kandierten Veilchen, Rosenblättern und vielem mehr verzieren (siehe auch Seite 31), trocknen lassen. Wer mag, malt nun noch Blüten aus geschmolzener Kuvertüre auf. Frisch schmecken die bunten Würfel am besten.

VARIANTE: Kaffee-Petit-Fours

Biskuitteig wie beschrieben zubereiten und backen, allerdings das Mehl zusätzlich mit 2 EL Instant-Espressopulver vermischen. Für die Füllung 200 g Sahne mit 1 Päckchen Sahnesteif, 2 Päckchen Vanillezucker und 1 EL Instant-Espressopulver steif schlagen. Einen Biskuitboden mit Orangenmarmelade oder Sanddornaufstrich (aus dem Reformhaus oder Bio-Laden) bestreichen, den zweiten Boden auflegen und mit der Kaffeesahne bestreichen. Den dritten mit der Marzipanplatte belegen und obenauf setzen, leicht andrücken. In Würfel schneiden. Für die Glasur den Puderzucker mit aufgelöstem Espressopulver statt mit Zitronensaft verrühren und aufstreichen. Die Kaffee-Petitfours mit Schoko-Kaffee-Bohnen verzieren.

Aprikosen-Minze-Muffins

Erfrischend und luftig

Zutaten für 12 Stück:
250 g Aprikosen
4 Stängel Minze
1/2 Bio-Zitrone
80 g Butter
2 Eier (Größe M)
150 g brauner Zucker
150 g Joghurt
250 g Mehl
3 TL Backpulver
Öl oder weiche Butter für die Form oder
24 Papierbackförmchen für Muffins
Puderzucker zum Bestäuben

Zubereitungszeit: 30 Minuten
+ 25 Minuten Backen
Kalorien pro Stück: 205 kcal

1_Die Aprikosen waschen, halbieren und die Steine auslösen. Die Früchte in kleine Würfel schneiden. Minze abbrausen und trockenschütteln, Blättchen abzupfen und fein schneiden. Zitrone heiß waschen und die Schale fein abreiben.

2_Backofen auf 180 Grad vorheizen (auch schon jetzt einschalten: Umluft 160 Grad). Ein Muffinblech einfetten oder je 2 Papierförmchen ineinanderstellen.

3_Butter in einem Töpfchen erwärmen, bis sie schmilzt, dann wieder abkühlen lassen. Eier in eine Schüssel aufschlagen, mit den Quirlen des Handrührgeräts verquirlen. Zucker, Joghurt und Butter in die Schüssel geben und gut unterrühren. Das Mehl mit dem Backpulver mischen, zügig unter die Eiercreme rühren.

4_Aprikosen und Minze dazugeben und kurz untermengen. Den Teig in die Vertiefungen des Muffinblechs oder in die Papierförmchen füllen. Muffins im Ofen (Mitte) etwa 25 Minuten backen, bis sie braun und aufgegangen sind.

5_Kurz stehen lassen, dann aus den Mulden der Form lösen, abkühlen lassen (das entfällt bei den Papierförmchen). Vor dem Servieren mit einer dünnen Schicht Puderzucker noch schöner machen.

TIPP
Die Muffins schmecken nach zwei bis drei Tagen mindestens so gut wie frisch.

Flapjacks

Karamellig-süß und von den Briten erfunden

Zutaten für etwa 50 Stück:
250 g Butter
200 g brauner Zucker
2 EL Golden Syrup (aus der Lebensmittelabteilung großer Kaufhäuser oder von der Insel mitbringen), Zuckerrübensirup oder Ahornsirup
300 g feine oder mittelgrobe Haferflocken

Zubereitungszeit: 15 Minuten
+ 15 Minuten Backen
(ohne Abkühlen)
Kalorien pro Stück: 75 kcal

1_Backofen auf 200 Grad vorheizen (auch schon jetzt einschalten: Umluft 180 Grad). Eine eckige Backform (etwa 26 x 26 cm) mit Backpapier auslegen.

2_Die Butter in Würfel schneiden und mit dem Zucker in einen Topf füllen. Unter Rühren bei schwacher bis mittlerer Hitze erwärmen, bis die Butter flüssig ist. Den Sirup und die Haferflocken untermischen, die Mischung in der Form verstreichen.

3_Die Haferflockenmischung im Ofen (Mitte) etwa 15 Minuten backen. Dann aus dem Ofen nehmen. Nicht wundern, die Haferflockenmasse sieht jetzt noch schaumig aus, beim Abkühlen wird sie aber schön fest. Dann das Ganze erst in etwa 3 cm große Würfel schneiden.

TIPPs

Wer mag, kann die Flapjacks vor dem Würfeln zusätzlich mit geschmolzener Zartbitterkuvertüre bepinseln.
Und: In einer gut schließenden Blechdose kann man Flapjacks mehrere Wochen aufbewahren. Auf den Boden der Dose eine Schicht Butterbrot- oder Küchenpapier legen, die »Kekse« sind relativ fettig.

Schwarz-Weiß-Brownies

Marmorkuchen gewürfelt

Zutaten für etwa 30 Stück:
100 g Zartbitterkuvertüre
100 g weiße Kuvertüre
4 Eier (Größe M) | 125 g Zucker
1 Päckchen Vanillezucker
1 Prise Salz | 100 g saure Sahne
100 g gemahlene Mandeln
200 g Mehl | 1 TL Backpulver
2 EL Vanillepuddingpulver
2 EL Kakaopulver
Butter für die Form

Zubereitungszeit: 30 Minuten
+ 25 Minuten Backen
(ohne Abkühlen)
Kalorien pro Stück: 115 kcal

1_Die Kuvertüren jeweils fein hacken und nach Sorten getrennt in einer Metallschüssel im heißen Wasserbad schmelzen lassen. Dabei immer wieder durchrühren.

2_Backofen auf 180 Grad vorheizen (auch schon jetzt einschalten: Umluft 160 Grad). Eine eckige Backform (etwa 28 x 25 cm) mit Butter ausstreichen.

3_Eier mit Zucker, Vanillezucker, Salz und saurer Sahne mit den Quirlen des Handrührgeräts schaumig schlagen. Mandeln und Mehl mit dem Backpulver mischen und mit dem Kochlöffel kurz, aber gründlich unter die Schaummasse rühren. Den Teig halbieren. Unter eine Teighälfte erst das Puddingpulver, dann die weiße Kuvertüre rühren, unter die andere Hälfte Zartbitterkuvertüre und Kakao mengen.

4_Mit einem Esslöffel abwechselnd einen Klecks hellen und einen Klecks dunklen Teig nebeneinander in die Form setzen. Mit einer Gabel in Spiralen durch die Kleckse fahren, bis sich der helle und der dunkle Teig in einem hübschen Muster wie beim Marmorkuchen mischen.

5_Teig im Ofen (Mitte) etwa 25 Minuten backen, bis er schön aufgegangen ist. Abkühlen lassen und in etwa 5 cm große Würfel schneiden.

TIPP

Für rein dunkle Brownies 100 g Zartbitter- und 100 g Vollmilchkuvertüre mischen und mit dem Kakaopulver und 1 TL Zimtpulver unter den ganzen Teig mengen.

Mini-Quark-Taschen

Knusperhülle mit saftiger Fülle

Zutaten für etwa 35 Stück:
Für den Teig:
250 g Mehl
1 gestrichener TL Backpulver
125 g Magerquark
100 g weiche Butter | 75 g Zucker
Für die Füllung:
250 g Magerquark | 1 Bio-Zitrone
2 EL Rosinen | 100 g saure Sahne
1 Ei (Größe M)
2 Päckchen Vanillezucker | 2 EL Honig
Zum Bestreichen:
1 Eigelb (Größe M) | 1 EL Milch

Zubereitungszeit: 1 1/4 Stunden
+ 1 Stunde Kühlen
+ 15–17 Minuten Backen
Kalorien pro Stück: 75 kcal

1_Für den Teig das Mehl mit dem Back-pulver mischen. Quark, Butter und Zucker dazugeben und alles mit den Knethaken des Handrührgeräts oder mit den Händen glatt verkneten. Zur Kugel formen und in Pergamentpapier wickeln, etwa 1 Stunde in den Kühlschrank legen.

2_Inzwischen für die Füllung den Quark in einem Sieb abtropfen lassen. Nach der Kühlzeit des Teigs Zitrone heiß waschen und die Schale fein abreiben, den Saft von einer Zitronenhälfte auspressen. Rosinen grob hacken. Quark mit saurer Sahne, Ei, Vanillezucker und Honig gut durchquirlen, Zitronenschale und 1 EL Zitronensaft mit den Rosinen unterrühren.

3_Backofen auf 200 Grad vorheizen (auch schon jetzt einschalten: Umluft 180 Grad). Teig auf wenig Mehl knapp 1/2 cm dick zu einer eckigen Platte ausrollen. In Quadrate von etwa 7 x 7 cm Größe schneiden. Die Teigreste wieder zusammenkneten, aus-rollen und in weitere Quadrate schneiden.

4_In die Mitte jedes Teigquadrats knapp 2 TL Füllung setzen, die Ecken über die Füllung klappen und die Enden leicht zusammendrücken (geht nachher beim Backen aber wieder etwas auseinander). Quarktaschen aufs Blech setzen. Eigelb mit der Milch verquirlen und den Teig damit einpinseln. Taschen im Ofen (Mitte) 15–17 Minuten backen, bis sie schön braun sind. Abkühlen lassen.

Mini-Krapfen

Der Fasching kann kommen

Zutaten für etwa 22 Stück:
1/8 l Milch | 15 g frische Hefe
250 g Mehl | 1 Prise Salz
50 g Zucker | 1/2 Bio-Zitrone
1 Eigelb (Größe M) | 50 g weiche Butter
1 EL Rum (nach Belieben)
etwa 100 g dicke Aprikosenkonfitüre
oder Orangenmarmelade
3/4 l Öl zum Frittieren
feinster Zucker zum Bestreuen

Zubereitungszeit: 1 1/4 Stunden
+ 1 1/2 Stunden Gehen
Kalorien pro Stück: 85 kcal

1_Die Milch lauwarm erwärmen, Hefe zer-krümeln und in der Milch anrühren. Mehl mit Salz und Zucker in einer Schüssel mischen, in der Mitte eine Mulde formen. Die Hefemilch hineingießen, mit Mehl bestäuben und 15 Minuten gehen lassen.

2_Zitronenhälfte heiß waschen und die Schale fein abreiben. Schale mit Eigelb, Butter und eventuell dem Rum zum Mehl geben und alles mit den Knethaken des Handrührgeräts zu einem elastischen

Teig verkneten. In der Schüssel zugedeckt etwa 1 Stunde an einem warmen
Ort gehen lassen.

3_Arbeitsfläche gut mit Mehl bestäuben.
Teig darauf zu einer etwa 1 cm dicken,
rechteckigen Platte ausrollen. Auf einer
Teighälfte mit einem runden Ausstecher
(5 cm Ø) Kreise markieren, aber nicht einschneiden. Jeweils in der Mitte 1/2 TL
Konfitüre oder Marmelade verteilen. Die
zweite leere Teighälfte darüberklappen,
Teig zwischen den Erhebungen sehr gut
andrücken, mit dem Ausstecher Krapfen
ausstechen. Teigreste noch einmal durchkneten, ausrollen und wie beschrieben
füllen und ausstechen. Nochmal 15
Minuten gehen lassen.

4_Öl in einem weiten Topf heiß werden
lassen. Die Hälfte der Krapfen einlegen
und zugedeckt 2 Minuten frittieren. Den
Deckel abnehmen, Krapfen wenden und
noch einmal so lang frittieren, bis sie
schön braun sind. Mit dem Schaumlöffel
herausheben, auf eine dicke Lage Küchenpapier legen und mit Zucker bestreuen.
Die übrigen Krapfen ebenso frittieren.
Abgekühlt, aber frisch essen!

Mini-Cheesecakes

Ganz ohne Boden

Zutaten für 6 Stück:
1 Bio-Zitrone
2 EL Pistazienkerne
50 g weiche Butter + Butter für
die Förmchen
80 g Zucker
2 Päckchen Vanillezucker
2 EL Vanillepuddingpulver
500 g Quark
2 Eier (Größe M)

Zubereitungszeit: 15 Minuten
+ 35 Minuten Backen
Kalorien pro Stück: 325 kcal

1_Den Backofen auf 180 Grad vorheizen
(später einschalten: Umluft 160 Grad).

2_Die Zitrone heiß waschen und die
Schale fein abreiben, die Pistazien fein
hacken. Die Butter mit Zitronenschale,
Zucker und Vanillezucker cremig rühren.
Das Puddingpulver dazugeben, dann
Quark, Pistazien und Eier unterrühren.

3_Sechs feuerfeste Förmchen (je 150 ml
Inhalt, ersatzweise geht auch ein Muffinblech, der Teig quillt nur leicht über) mit
Butter ausstreichen. Masse einfüllen und
im Ofen (Mitte) in etwa 35 Minuten goldbraun backen, abkühlen lassen.

TIPP

Gut schmecken in der Käsecreme auch
50 g klein gehackte kandierte Orangen
und 1 TL fein abgeriebene Bio-Orangen-
schale. Die Zitronenschale weglassen.

im Bild: Liebesäpfel

Basic:

Geht's um »Candy«, wird der Zuckerbäcker zum Zuckerkoch, der aus einer süßen Lösung kleine Kunstwerke schafft. Ein paar davon eignen sich auch sehr gut für Einsteiger.

Wobei: Ein wenig Ausdauer und Ehrgeiz sollte einer schon mitbringen, der sich an das Kochen von Zucker machen will – die Grenzen zwischen weich und hart, klar und karamellfarben können schnell überschritten werden. Für reines Zuckerwerk (ohne Zusätze wie bei den Rezepten rechts) werden im großen Topf 500 g Zucker mit 1/4 l Wasser wie beim Sirup (Seite 24) erst mal gemischt, damit sich der Zucker in der Flüssigkeit lösen kann. Dann zum Kochen bringen, bis der Zucker vollständig gelöst ist und bei starker Hitze ohne Rühren weiterkochen. Dabei verkocht das Wasser, die Lösung wird immer »dichter« und ihre Temperatur steigt.

Je nach »Dichte« kann die Zuckerlösung dann beim Abkühlen in zarte Watte oder glasharten Karamell verwandelt werden. Früher musste das der Zuckerbäcker im Gefühl haben, inzwischen gibt es dafür ein Zuckerthermometer wie auch Zuckerwaagen speziell für die niedrigeren Grade. Aber die Fachbegriffe von schwacher Faden bis starker Bruch stammen immer noch aus dieser Zeit – mehr dazu auf Seite 144 im Zuckerbäcker-Glossar.

Zuckerwerk

Marshmallows

Schmecken so gut wie sie duften

Zutaten für etwa 50 Stück:
500 g Puderzucker | 3 EL Honig
2 EL gemahlene weiße Gelatine
2 Eiweiß (Größe M) | 1 Prise Salz
etwa 5 Tropfen Vanillearoma
2 EL Speisestärke | Öl für die Form

Zubereitungszeit: 30 Minuten
+ 2 Tage Trocknen
Kalorien pro Stück: 45 kcal

1_450 g Puderzucker mit dem Honig und
150 ml Wasser in einem Topf verrühren.
Dann bei starker Hitze kochen lassen, bis
die Lösung auf dem Zuckerthermometer
130 Grad hat. Gelatine in 150 ml kaltem
Wasser einweichen. Den Topf vom Herd
ziehen und die Gelatine samt dem Wasser
einrühren, bis sie sich gelöst hat.

2_Die Eiweiße mit dem Salz halbsteif
schlagen, nach und nach esslöffelweise
den heißen Sirup unterschlagen. Mit dem
Vanillearoma abschmecken und weiterschlagen, bis die Masse dick und steif ist.

3_Eine flache Form (knapp die Fläche
eines halben Backblechs) mit Pergamentpapier auslegen und mit Öl bepinseln. Die
Schaummasse darin glatt streichen und
offen 2 Tage trocknen lassen. Dann restlichen Puderzucker und Stärke mischen,
Masse in 3 cm große Würfel schneiden
und in der Stärkemischung wenden. Die
fertigen Marshmallows luftdicht lagern.

Liebesäpfel

In himbeerrotem Glanz

Zutaten für 8 Stück:
8 schön runde, leicht säuerliche Äpfel
mit gelbroter Schale (z. B Cox Orange)
300 g feinster Zucker
150 ml Himbeersirup
2 EL Butter | 1 TL klarer Obstessig
8 Holzspieße (etwa 20 cm lang)
Zucker zum Ausstreuen

Zubereitungszeit: 45 Minuten
(ohne Trocknen)
Kalorien pro Stück: 285 kcal

1_Die Äpfel waschen und die Stiele entfernen. Jeweils einen Holzspieß am Stiel-
ansatz 3–4 cm tief in einen Apfel stecken
(eventuell vorher etwas »vorbohren«).

2_Übrige Zutaten mit 150 ml Wasser in
einem Topf vermischen, der nicht zu groß
ist, damit am Ende die Äpfel ganz eingetaucht werden können. Alles leicht erhitzen, bis sich der Zucker ganz aufgelöst hat.

3_Nun die Lösung kräftig kochen lassen,
bis sie 145 Grad auf dem Zuckerthermometer hat. Zum Test kann man auch einen
Löffel erst in die Lösung und dann in eiskaltes Wasser tauchen – wird die Glasur
sofort hart und klar, passt es.

4_Ein Backblech mit Zucker ausstreuen.
Äpfel in die heiße Lösung tauchen, aufs
Blech setzen und die Glasur trocken und
hart werden lassen. Dann gleich essen.

Krokantjes

Für den stabilen süßen Zahn

Zutaten für etwa 80 Stück:
150 g gehäutete Mandeln
150 g Kürbiskerne
150 g Pistazienkerne
150 g Pinienkerne
1/2 Bio-Zitrone
500 g Zucker
Öl fürs Backblech

Zubereitungszeit: 30 Minuten
(ohne Abkühlen)
Kalorien pro Stück: 70 kcal

1_Mandeln und alle Kerne im großen Topf
unter Rühren rösten, aber nicht bräunen.
Ein Backblech mit Öl einfetten. Die Zitrone
heiß waschen und die Hälfte der Schale
fein abreiben, 1 TL Saft auspressen.

2_Mandeln und Kerne aus dem Topf holen,
Zucker und Zitronensaft hineingeben und
bei geringer Hitze schmelzen lassen, bis
der Zucker leicht karamellisiert. Nun die
Mandel-Kerne-Mischung samt Zitronenschale dazugeben und die Masse unter
Rühren goldbraun werden lassen.

3_Die Krokantmasse gleichmäßig auf
dem Blech verteilen, fest werden lassen.
Bevor das Krokant aber ganz gehärtet ist,
in Stäbchen (1 x 3 cm) oder 2 cm große
Quadrate schneiden. Diese auf einem
Kuchengitter völlig aushärten lassen und
dann am besten wie Bonbons einzeln in
feste Cellophan-Folie wickeln.

Desserts für jeden Tag

Jeder Genießer sollte täglich ein Dessert auf dem Tisch haben. Das muss ja nicht gleich zum Frühstück sein, aber so ein paar Erdbeeren mit Balsamicosirup nach dem Mittagessen oder eine Avocado-Limetten-Creme zum Nachtisch am Abend, das müsste schon drin sein. Zu kompliziert? Nicht mit den Rezepten in diesem Kapitel. Zu affektiert? Wir haben auch Obstsalat (allerdings mit Kokossahne), selbst gemachten Vanillepudding oder schicke Eisbecher. Darf's ein Kaffee dazu sein?

Sweets Of The Times

Das Banana Split

Es klingt zwar eher nach Karibik und gehört seit den 50ern zu den Klassikern unserer italienischen Eisdielen, doch seine Ursprünge liegen tiefer und weiter entfernt – in den nach Eis wie Bananen verrückten USA am Anfang des 20. Jahrhunderts. Wer dort nun wo und wann zum ersten Mal auf die Idee kam, eine Banane der Länge nach zu teilen (»to split«) und aus ihr mit Eis, Sahne, Saucen und Früchten eine Art süßen Großdampfer zu machen, ist wie oft in der Geschichte berühmter Gerichte umstritten. Auch welches Eis (Vanille, Schoko, Erdbeere?) man mit welchen Saucen (Schoko, Erdbeer, Ananas?) und Garnituren (Kirsche, Mandel, Kokos?) nahm, lässt sich schwer sagen.

Sicher ist: Wie die Jeans und das T-Shirt kam das Banana Split in den 50er-Jahren aus Übersee zu uns, gerade richtig um uns einen süßen Geschmack von der weiten Welt zu bringen und in den ersten Gelaterias eine neue Heimat zu finden. Vanilleeis, Schlagsahne und Schokoladensauce sind heute meistens die Begleiter der Banane, und wer's gut meint, gibt noch geröstete Mandeln und eine Cocktailkirsche dazu. Wenn diese Zutaten alle erstklassig sind, hat das Banana Split weiterhin das Zeug zum Klassiker.

Wer **Schokopudding*** mag ...

... könnte auch das mögen:

Schwarz-Weiß-Brownies (Seite 45)
Schokoflans mit Feigensauce (Seite 78)
Reisauflauf mit Obst und Schokolade (Seite 106)
Heiße Chili-Schokolade (Seite 135)

(*Seite 57)

Fürst Pückler

Er ist ein Mensch mit Prinzipien, der im Leben eine klare Ordnung braucht – hier braun, da weiß und dort rosa, alles präzise voneinander getrennt. Und dabei bleibt's, von der Wiege bis zur Bahre.

Unnötigen Ballast wie modernen Schnickschnack braucht er nicht, weswegen er sein Eis auch nicht in der praktischen Plastikschale kaufen will, sondern lieber nach der altgewohnten Pappschachtel Ausschau hält. Wenn man die gleich wegräumt, sobald man sich sein Dessert runtergeschnitten hat, ist das ja auch kein Problem, oder? Dann wird der Riegel nach einem seit Kindheit festgelegten Ritual Sorte für Sorte verspeist (je nach Temperament die liebste zum Schluss oder am Anfang, aber nie mittendrin) und ein Vermatschen möglichst vermieden.

Wobei, am Ende, wenn alles schmilzt und läuft, packt auch einen Fürst Pückler schon mal der Übermut und er erinnert sich an seine sonntägliche Herkunft: Ach, nehmen wir doch noch ein Stück. Die Kombi Erdbeer-Schoko-Vanille ist ja auch wirklich so was von perfekt, dass jeder am Tisch noch etwas will. Sind wir nicht alle ein bisschen Fürst Pückler?

Der Zuckerbäcker sagt ...

... Nonpareilles

Der erste Anblick von etwas Süßem garniert mit quietschbunten oder auch edel schimmernden Perlen und Flitter hat einfach etwas Unvergleichliches; denn trotz allem Kitsch und Zuckerschock macht das Herz doch einen kleinen Freudenhupfer wie damals, als der erste Geburtstagskuchen oder Eisbecher so daherkam. Sie sind halt nicht zu toppen, die »Unvergleichlichen« (so die deutsche Übersetzung für »Nonpareilles«), wenn es um heiterfröhlichen Glamour geht. Und wenn es nicht nur die üblichen Liebesperlen aus purem Zucker sind, sondern viel Aroma noch in der Glasur (Anis!) oder sogar darunter (Lakritz!) steckt – dann können Nonpareilles auch alltäglichen Nachtisch unvergleichlich machen.

Zum schönen Schluss: GRANOLA

»Granola« steht manchmal auf Müslipackungen, das kommt von »granulieren« – Zuckerbäckers Fachbegriff für das Rösten von Nüssen, Kernen und Körnern mit Zucker, um sie zu karamellisieren. Damit lässt sich allen möglichen Desserts ein knackiges Finish geben: sahnigen Cremes und üppigen Eisbechern, aber auch marinierten Früchten oder Obstsalaten. Und natürlich dem Müsli.

Granuliert kann fast alles werden, was das Backregal hergibt: ganze oder grob gehackte Wal-, Hasel- oder Pekannüsse, Mandeln gehackt, gestiftelt oder auch blättrig, Pinien- und Pistazienkerne, Erdnüsse und Cashewkerne. 150 g des Ausgewählten wird mit 1 TL Öl, 1 EL Zucker und 1 Prise Salz entweder in der Pfanne langsam geröstet, bis der Zucker schmilzt und bräunt, oder aber auf die ganz sichere Art gute 10 Minuten im 200 Grad heißen Ofen (Umluft 180 Grad). Dann etwas abkühlen lassen und übers Süße streuen.

Mascarpone-Erdbeer-Creme

Superschnell gemacht

Zutaten für 4 Personen:
150 g Sahne
2 Päckchen Vanillezucker
250 g Mascarpone
1 TL Zitronensaft
400 g Erdbeeren
1 EL Puderzucker
eventuell ein paar Minze- oder
Basilikumblättchen

Zubereitungszeit: 15 Minuten
Kalorien pro Portion: 460 kcal

1_Erst mal die Sahne steif schlagen, dabei nach und nach 1 Päckchen Vanillezucker einrieseln lassen.

2_Den Mascarpone und den Zitronensaft mit dem restlichen Vanillezucker in eine Schüssel füllen und gründlich durchrühren. Die Hälfte der Sahne unter die Creme rühren, den Rest daraufhäufen und mit dem Schneebesen durch beide Massen ziehen, bis Mascarpone und Sahne locker gemischt sind.

3_Erdbeeren kurz abspülen, die Kelchblätter mit der Messerspitze herauslösen. Erdbeeren mit Puderzucker bestäuben und mit einer Gabel grob zerdrücken.

4_Die Mascarpone-Sahne-Creme und die Erdbeeren schichtweise in Gläser oder Schälchen füllen. Und wer mag, wäscht noch die Minze- oder Basilikumblättchen, tupft sie trocken und dekoriert damit das cremig-fruchtige Dessert.

TIPP

Wer das Dessert erst etwas später essen möchte, stellt es bis zum Servieren einfach in den Kühlschrank, es bleibt einige Stunden schön frisch. Aber bitte nicht schon am Vortag machen, sonst verlieren die Erdbeeren einiges an Aroma und die Mascarponecreme verfärbt sich unschön.

Maronen-Zimt-Creme

Für Herbst und Winter

Zutaten für 4 Personen:
1 Bio-Orange
300 g geschälte gegarte Maroni
(Esskastanien)
100 ml Milch
50 g Zucker
1 1/2 TL Zimtpulver
300 g Sahne
2 TL Vanillezucker
1 TL Kakaopulver

Zubereitungszeit: 15 Minuten
Kalorien pro Portion: 460 kcal

1_Die Orange heiß waschen und die Schale fein abreiben. Die Orange aufschneiden und eine Hälfte auspressen.

2_Die Maronen grob hacken. Mit der Milch, dem Zucker, dem Zimt, der Hälfte der Sahne und dem Orangensaft in der Küchenmaschine zu einer feinen Masse mixen. Orangenschale untermischen, die Creme abschmecken, Wenn noch Zucker fehlt, etwas mehr unterrühren.

3_Die Creme in Schälchen füllen. Die übrige Sahne nicht ganz steif schlagen, dabei den Vanillezucker einstreuen. Die Sahne über die Creme löffeln und ganz zart mit Kakao bestäuben.

VARIANTE: Maronen-Kaffee-Creme

Die Orange und den Zimt weglassen. In der Milch (1–2 EL mehr nehmen) 1 EL Instant-Espressopulver auflösen. Mit dem Zucker und 150 g Sahne mit den Maronen pürieren. Die Creme in Schälchen füllen. 1/2 Mango schälen und das Fruchtfleisch grob würfeln. Mit 50 g Sahne pürieren, mit etwas Zitronensaft abschmecken, auf der Creme verteilen.

TIPP

Billiger, aber auch etwas aufwendiger: selbst gegarte Maronen verwenden. Dafür 500 g frische Esskastanien kaufen und auf der gewölbten Seite mit einem gezackten Messer einmal über Kreuz einschneiden. In kochendem Wasser in etwa 30 Minuten weich garen, abschrecken und die Schale und die dünne, filzige Haut darunter gründlich ablösen. Dann geht es weiter wie im Rezept.

Avocado-Limetten-Creme

Mit Extra-Kick: leicht scharf

Zutaten für 4 Personen:
2 Bio-Limetten
1/2 kleine Chilischote
2 vollreife, aber nicht zu weiche Avocados
250 g Crème fraîche oder saure Sahne
40 g Zucker
1 EL Ahornsirup

Zubereitungszeit: 20 Minuten
Kalorien pro Portion: 535 kcal

1_1 Limette heiß waschen und die Schale fein abreiben. Beide Limetten halbieren und den Saft auspressen. Die Chilihälfte waschen, Kerne und Stiel herauslösen. Schote ganz fein hacken.

2_Die Avocados rundherum bis zum Kern einschneiden. Die Hälften gegeneinanderdrehen und auseinanderlösen. Den Kern mit der Messerspitze herauslösen. Das weiche Fruchtfleisch mit einem Löffel aus den Schalen schaben.

3_Das Avovadofleisch in den Mixer füllen. Crème fraîche oder saure Sahne, Zucker, Chili und Limettensaft (bis auf 1 EL) dazugeben und alles gründlich durchmixen. Die Limettenschale unterrühren und die Creme in Gläser oder -schälchen löffeln.

4_Den Ahornsirup mit dem restlichen Limettensaft verrühren und in feinen Linien über die Creme laufen lassen.

TIPP

Avocados sind richtig reif, wenn sie auf Fingerdruck elastisch nachgeben. Unreife Früchte reifen schneller, wenn man sie mit einem Apfel in die Obstschale legt.

VARIANTE: Mango-Limetten-Creme

1 große, vollreife Mango schälen und das Fruchtfleisch vom Kern abschneiden. Mit 200 g Sahne oder Kokosmilch und 50 g Zucker fein pürieren. Abgeriebene Schale von 1 Bio-Limette und 1 EL Limettensaft unterrühren, Creme in Schälchen füllen. 2 EL Kokosraspel in einer Pfanne ohne Fett bei mittlerer Hitze goldgelb rösten, abkühlen lassen und aufstreuen.

Vanillepudding
Trost für alle Tage

Natürlich kann man sich Pudding auch ganz simpel aus Tütenpulver anrühren. Selbst gemacht schmeckt er aber viel besser: Weil er an die Kindheit erinnert, weil er ganz basic aus wenigen Zutaten gekocht wird und weil das Selberkochen so richtig stolz macht. Und übrigens: Küchensprachlich korrekt heißt der Pudding eigentlich Flammeri. Erst seit es Tütenpulver dafür gibt, hat sich der Name Pudding eingebürgert.

Zutaten für 4 Personen:
60 g Speisestärke
3/4 l Milch
1 Vanilleschote
60 g Zucker │ 1 Prise Salz
1 sehr frisches Ei (Größe M)
100 g Sahne

Zubereitungszeit: 30 Minuten
Kalorien pro Portion: 330 kcal

1_Zum Anrühren der Stärke brauchen wir einen Schüttelbecher. Wer keinen hat, nimmt ein Glas mit Schraubverschluss. Die Stärke einfüllen und ungefähr 50 ml Milch daraufgießen. Den Becher oder das Glas gut verschließen und den Inhalt kräftig durchschütteln.

2_Die Vanilleschote der Länge nach aufschlitzen und aufklappen. Mark mit dem Messerrücken aus der Schote schaben, die Schotenhälften quer halbieren.

3_Die übrige Milch mit Zucker, Salz und Vanilleschote und -mark in einen Topf geben, erwärmen. Wenn die Milch kocht, den Topf vom Herd ziehen, die angerührte Speisestärke unter ständigem Rühren dazuschütten. Topf wieder auf die Platte stellen, weiterrühren und alles noch einmal kräftig aufpuffen lassen, bis die Masse dicklich wird.

4_Den Topf vom Herd ziehen, die Vanille-schote aus dem Pudding fischen. Das Ei trennen, das Eigelb gleich kräftig unter den Pudding rühren. Pudding in eine Schüssel umfüllen und lauwarm werden lassen. Dabei öfter kräftig durchrühren, damit sich keine Haut bilden kann.

5_Das Eiweiß und die Sahne getrennt steif schlagen, unter den Pudding heben. Den kann man jetzt gleich essen oder in Schälchen oder eine Schüssel füllen und einige Zeit im Kühlschrank ruhen lassen.

TIPPs

Der Pudding schmeckt pur, mit einer ein-fachen Fruchtsauce (z.B. aus Himbeeren), mit Obstsalat, Haselnusskrokant oder auch nur Schokoraspeln.
Lust auf gestürzten Pudding mit einem hübschen Muster? Dann die Creme mit 80 g Speisestärke zubereiten, in nette Förmchen füllen und für 2–3 Stunden in den Kühlschrank stellen. Danach jeweils einen Teller auflegen, Form und Teller mit Schwung umdrehen und den Pudding aus der Form auf den Teller gleiten lassen.

VARIANTE: Schokopudding

Statt der Vanilleschote (oder zusätzlich) 100 g Zartbitterschokolade in Stücke brechen, in der Milch schmelzen lassen. Ansonsten bleibt alles gleich.

Blitz-Schoko-Creme

Mit Knusper-Nuss-Topping

Zutaten für 4 Personen:
100 g Vollmilchschokolade
250 g Sahne
1 Päckchen Vanillezucker
1 TL Zimtpulver
2 EL Cashewnüsse oder Pinienkerne
1 EL Butter
1 EL Zucker

Zubereitungszeit: 25 Minuten
+ 1 1/2 Stunden Kühlen
Kalorien pro Portion: 390 kcal

1_Die Schokolade in Stücke brechen und in eine Metallschüssel füllen. In einen Topf mit heißem Wasser stellen und die Schokolade bei schwacher Hitze sanft schmelzen lassen. Dabei immer wieder mal durchrühren, damit die Schokolade gleichmäßig schmilzt und nichts anbrennt. Schüssel aus dem Wasser heben und die Schokolade mindestens lauwarm werden lassen. Das dauert nur ein paar Minuten.

2_Inzwischen die Sahne mit Vanillezucker und Zimt steif schlagen. Die Hälfte davon mit der Schokolade verrühren, den Rest von der Sahne daraufhäufen und mit dem Schneebesen unterheben.

3_Die Creme in Gläser oder Schälchen verteilen und etwa 1 1/2 Stunden in den Kühlschrank stellen.

4_Dann die Cashewnüsse grob hacken, Pinienkerne ganz lassen. Butter mit dem Zucker bei mittlerer Hitze schmelzen und die Nüsse oder Kerne darin unter Rühren goldgelb bräunen. Etwas abkühlen lassen und vor dem Servieren auf der Schoko-creme verteilen.

TIPP

Diese schnelle Creme lässt sich sehr gut in der doppelten oder dreifachen Menge für viele machen, und sie wartet auch gerne im Kühlschrank bis zum nächsten Tag auf ihren Einsatz.

Ricottacreme mit Pfirsichen

Schmeckt auch mit Früchten aus der Dose

Zutaten für 4 Personen:
3 gelbe Pfirsiche | 1/2 Bio-Zitrone
10 Amarettini
100 g Sahne | 250 g Ricotta
60 g Zucker
2 EL Ahornsirup oder Honig

Zubereitungszeit: 15 Minuten
Kalorien pro Portion: 325 kcal

1_Von den Pfirsichen die Haut abziehen.
Bei vollreifen Früchten geht das ganz
leicht, einfach mit dem Messer einritzen
und die Haut ablösen. Festere Früchte mit
kochend heißem Wasser überbrühen, abschrecken und häuten. Die Pfirsiche aufschneiden und den Stein herauslösen. Die
Pfirsiche in kleine Würfel schneiden.

2_Die Zitronenhälfte heiß waschen und
die Schale fein abreiben, Saft auspressen.
Amarettini in eine Plastiktüte geben und
mit dem Nudelholz darüberrollen, bis sie
grob zerbröseln.

3_Die Sahne steif schlagen. Den Ricotta
und Zucker mit dem Schneebesen cremig
rühren. Sahne mit Pfirsichen, Zitronenschale und Amarettini unterheben. In
Schälchen füllen. Ahornsirup oder Honig
mit 1 EL Zitronensaft verrühren und über
die Creme laufen lassen.

Quark-Zimt-Creme

Schmeckt nach Weihnachten

Zutaten für 4 Personen:
1/2 Bio-Orange
1 grüne Kardamomkapsel
2 sehr frische Eiweiß (Größe M)
1 Prise Salz
100 g Zucker
200 g Sahne
250 g Quark
1 TL Zimtpulver
50 g Zartbitterschokolade

Zubereitungszeit: 20 Minuten
Kalorien pro Portion: 435 kcal

1_Die Orangenhälfte heiß waschen und
die Schale fein abreiben, Saft auspressen.
Die Kardamomkapsel in einer Pfanne bei
mittlerer Hitze 1–2 Minuten rösten, dann
die Samen aus der Kapsel lösen und im
Mörser so fein wie möglich zerdrücken.

2_Die Eiweiße mit dem Salz und dem
Zucker gut steif schlagen. Die Sahne
ebenfalls steif schlagen.

3_Quark mit Orangensaft und -schale,
Kardamom und Zimt verrühren. Eischnee
und Sahne mit dem Schneebesen locker
unterheben. Creme in Schälchen füllen.

4_Die Schokolade in Stücke brechen und
in eine Metallschüssel geben, im heißen
Wasserbad bei schwacher Hitze sanft
schmelzen lassen. Dabei immer wieder
mal durchrühren, damit die Schokolade
gleichmäßig schmilzt und nichts anbrennt.
Die Schüssel aus dem Wasser heben und
die Schokolade in wilden Linien über die
Quarkcreme laufen lassen. Entweder
gleich essen oder die Schokolade vorher
fest werden lassen.

Aprikosen mit Mandel-Honig-Joghurt

Schmeckt nach Sommer und Urlaub

Zutaten für 4 Personen:
3 EL Puderzucker
80 g Mandelblättchen
8 Aprikosen
1 Bio-Zitrone
500 g griechischer oder bulgarischer Joghurt
60 g Honig
1 Prise frisch geriebene Muskatnuss

Zubereitungszeit: 15 Minuten
Kalorien pro Portion: 380 kcal

1_Den Puderzucker in einer Pfanne bei schwacher Hitze erst flüssig, dann leicht braun werden lassen. Mandelblättchen untermischen und rösten, bis sie goldbraun sind und zusammenkleben. Auf ein Brett schütten, abkühlen lassen.

2_Inzwischen die Aprikosen waschen und halbieren. Stein herauslösen, Aprikosen in Schnitze schneiden und in Schälchen legen. Die Zitrone heiß waschen und die Schale fein abreiben. Den Joghurt mit Zitronenschale, Honig und Muskat gründlich verrühren und über die Aprikosen löffeln. Die Mandeln mit einem großen Messer grob hacken und aufstreuen.

Kirschschmand

Heißt auch manchmal Schwarzwaldbecher

Zutaten für 4 Personen:
2 Scheiben Pumpernickel (etwa 100 g)
1 EL Butter
80 g Zucker
400 g Schmand
100 g saure Sahne
300 g Schattenmorellen (aus dem Glas)
2 EL Raspelschokolade

Zubereitungszeit: 15 Minuten
Kalorien pro Portion: 500 kcal

1_Pumpernickelscheiben in kleine Stücke brechen. In einer Pfanne die Butter mit 1 EL Zucker bei mittlerer Hitze schmelzen lassen. Pumpernickelstücke darin unter Rühren braten, bis sie knusprig sind. Auf einen Teller geben und abkühlen lassen.

2_Inzwischen Schmand und saure Sahne mit dem restlichen Zucker gründlich verrühren. Die Kirschen in einem Sieb abtropfen lassen und unter den Schmand mischen. Den Kirschschmand abwechselnd mit den Pumpernickelstückchen in Gläser füllen und vor dem Essen die Raspelschokolade daraufstreuen.

TIPP
Gut schmeckt der Schmand auch mit Sanddorncreme statt mit Kirschen. Die Creme, die man auch als Brotaufstrich essen kann, bekommt man im Reformhaus und im Bio-Laden. 2–3 EL davon unter den Schmand rühren, die Kirschen weglassen.

Gebratene Bananen mit Limettensauce

Exotik auf die Schnelle

Zutaten für 4 Personen:
1 Bio-Limette
4 große Bananen
2 EL Butter
200 ml Kokosmilch
3 EL Zucker
1–2 EL Rum (nach Belieben)

Zubereitungszeit: 15 Minuten
Kalorien pro Portion: 230 kcal

1_Die Limette heiß waschen und die Schale fein abreiben, Saft auspressen.

2_Bananen schälen und längs halbieren. Butter in einer Pfanne bei mittlerer Hitze schmelzen lassen. Die Bananen mit der glatten Seite nach unten einlegen und etwa 1 1/2 Minuten braten. Vorsichtig umdrehen und noch mal so lange braten. Auf einem Teller beiseitestellen.

3_Die Kokosmilch, 2–3 EL Limettensaft, die Limettenschale und den Zucker in die Pfanne geben und einmal kurz aufkochen lassen. Wer mag, gibt jetzt auch noch den Rum mit dazu.

4_Die Bananen wieder in die Pfanne einlegen und etwa 1 Minute in der Sauce ziehen lassen. Warm essen. Super dazu: Vanilleeis!

TIPP

Auch sehr fein: Den Rum nicht nur einfach in die Sauce gießen, sondern die Bananen damit flambieren. Dazu die doppelte Rummenge nehmen, in eine Schöpfkelle füllen und mit einem langen Streichholz anzünden. Dann brennend über die gebratenen Bananen in der Pfanne gießen und den Alkohol ausbrennen lassen. Jetzt wie im Rezept weitermachen.

VARIANTE: Bananen in knuspriger Teighülle

Für einen Ausbackteig 150 g Mehl mit 1 Prise Salz, 1 EL Zucker, 150 ml Milch oder Kokosmilch und 1 Ei (Größe M) gründlich verrühren, 30 Minuten stehen und quellen lassen. Dann 4 Bananen schälen, längs halbieren und quer in 3–4 cm lange Stücke schneiden. 3/4 l hocherhitzbares, neutrales Öl in einem Topf oder im Wok heiß werden lassen. Die Bananenstücke portionsweise durch den Teig ziehen und ins heiße Fett geben. In 3–4 Minuten goldbraun frittieren, mit dem Schaumlöffel herausheben und auf einer dicken Lage Küchenpapier abfetten lassen. Vor dem Servieren etwas Honig oder Ahornsirup darüberträufeln oder eine Ingwersahne dazureichen. Dafür 200 g Sahne mit 1–2 Päckchen Vanillezucker steif schlagen, 1/2 TL frisch geriebenen Ingwer und 1 Stück fein gehackten kandierten Ingwer (etwa 2 cm) mit 1/2 TL fein abgeriebener Bio-Zitronenschale unterheben.

Erdbeeren mit Balsamicosirup

Besonders gelungene Verbindung von süß und sauer

Zutaten für 4 Personen:
150 ml Aceto balsamico
1/4 l aromatischer Weißwein (z. B. Riesling oder Gewürztraminer, ersatzweise Wasser und 1 TL Zitronensaft)
90 g Zucker
500 g Erdbeeren

Zubereitungszeit: 25 Minuten
Kalorien pro Portion: 175 kcal

1_Den Balsamico mit dem Wein und dem Zucker in einem Topf verrühren und heiß werden lassen. Offen bei mittlerer bis starker Hitze etwa 10 Minuten sprudelnd kochen lassen, bis die Masse dicker wird und gut schäumt. Sirup in eine Schüssel umfüllen und abkühlen lassen.

2_In der Zeit die Erdbeeren vorsichtig kalt abspülen, die Kelchblätter mit der Messerspitze herauslösen. Die Erdbeeren in Viertel oder Würfel schneiden und in Schälchen füllen, Sirup darüberträufeln.

TIPPs
Zu den Erdbeeren und dem Balsamicosirup passt noch Vanilleeis oder leicht gesüßte Schlagsahne.
Statt zu Erdbeeren den Sirup auch mal zu Pfirsichen oder einer Mischung aus Honigmelone und Trauben servieren.

Honig-Rhabarber aus der Folie

Frühlingsfrische in der Hülle

Zutaten für 4 Personen:
600 g junger Rhabarber
1/2 Bio-Limette oder -Zitrone
70 g Honig
150 g Schmand
50 g Sahne

Zubereitungszeit: 30 Minuten
+ 20 Minuten Backen
Kalorien pro Portion: 205 kcal

1_Backofen auf 220 Grad vorheizen (auch schon jetzt einschalten: Umluft 200 Grad). Den Rhabarber waschen und die Enden abschneiden. Fäden, die sich dabei ablösen, ganz abziehen. Den Rhabarber in etwa 1 cm lange Stücke schneiden.

2_Die Zitrushälfte heiß waschen und die Schale fein abreiben, Saft auspressen. Beides mit 50 g Honig gut verrühren.

3_Vier Stück Alufolie auf der Arbeitsplatte auslegen. Die Rhabarberstücke darauf verteilen und jeweils mit Honigmischung beträufeln. Die Folie zusammenklappen und die Enden verschließen. Die Päckchen auf dem Backblech in den Ofen (Mitte) schieben und etwa 20 Minuten backen.

4_Dann den Schmand mit der Sahne und dem übrigen Honig verrühren. Die Folienpäckchen öffnen und den Rhabarber auf Teller verteilen. Mit Schmand garnieren und warm essen.

TIPP
Statt mit Schmand schmeckt der heiße Rhabarber auch sehr gut mit Vanilleeis. Dann zusätzlich Waffelröllchen servieren.

Exoten vom Grill

Ganz schnell fertig

Zutaten für 4 Personen:
1 kleine Ananas
1 Papaya
4 Feigen
2 1/2 EL Limetten- oder Zitronensaft
1 EL Rum (nach Belieben)
3 EL Puderzucker
150 g Sahne
2 EL flüssiger Honig
250 g Schmand
Das kann auch noch dazu:
1 TL frische grüne Pfefferkörner oder
getrockneter rosa Pfeffer, 2 Stängel
Minze oder Zitronenmelisse oder
1 kandierte Orangenscheibe

Zubereitungszeit: 30 Minuten
Kalorien pro Portion: 420 kcal

1_Von der Ananas den Schopf mit den Blättern und das untere Ende abschneiden. Die Ananas aufrecht aufs Brett stellen und die Schale Streifen für Streifen von oben nach unten abschneiden. Wenn jetzt noch braune Flecken im Ananasfleisch zu sehen sind, diese mit der Spitze des Kartoffel-schälers entfernen. Ananas quer in 1 cm dicke Scheiben schneiden, den harten Kern in der Mitte herausschneiden.

2_Papaya der Länge nach aufschneiden, die Kerne aus der Mitte mit einem Tee-löffel herausschaben. Die Papayahälften schälen und ebenfalls in etwa 1 cm dicke Scheiben schneiden.

3_Die Feigen waschen und die Stiele ab-schneiden. Die Feigen längs halbieren. Beim Durchschneiden merkt man schon, ob die Feigenhaut dünn und weich oder dick und zäh ist. Ist Letzteres der Fall, die Haut abziehen. Aber meistens sind die Feigen schön weich und man kann alles mitessen.

4_Den Grill des Backofens vorheizen. Die Früchte nebeneinander in eine feuerfeste Form oder aufs Backblech legen. Mit dem Zitrussaft und eventuell auch mit Rum beträufeln. Puderzucker gleichmäßig über die Früchte stäuben. Die Früchte mit etwa 15 cm Abstand unter die heißen Grill-schlangen schieben und etwa 8 Minuten grillen, bis sie schön braun sind. Aber auf-passen, dass sie nicht zu dunkel werden. Der Zucker verbrennt nämlich leicht.

5_In der Zeit die Sahne steif schlagen. Die Hälfte davon mit dem Honig unter den Schmand rühren, den Rest mit dem Schneebesen unterheben. Wer mag, hackt jetzt noch Pfefferkörner oder gewaschene Kräuterblättchen oder schneidet die Orangenscheibe in kleine Würfel und mischt das unter den Schmand.

6_Die schön gebräunten Exoten warm auf Tellern verteilen, den Schmand in kleinen Schälchen dazustellen oder gleich mit auf den Teller löffeln.

TIPPs
Löffelbiskuits oder andere eher trockene Plätzchen sind lecker dazu.
Nicht nur diese Exoten schmecken gegrillt. Fein sind auch längs halbierte Bananen sowie Melonen oder Mangos in Schnitzen. Bei einheimischen Früchten am besten Pfirsiche und Aprikosen auswählen.

VARIANTE: Gebackene Früchte aus dem Ofen
Backofen auf 180 Grad vorheizen (auch schon jetzt einschalten: Umluft 160 Grad). Die Früchte wie beschrieben vorbereiten und nebeneinander in eine feuerfeste Form legen. 50 g Butter schmelzen und mit dem Puderzucker, 1 EL Ahornsirup und 1 Prise gemahlenem Kardamom ver-rühren. Statt Zitrussaft und Rum über die Früchte gießen. Im Ofen (Mitte) etwa 20 Minuten backen, bis die Früchte schön braun sind. Mit Honigschmand essen.

Schokosuppe mit Schneenockerl

Weckt Kindheitserinnerungen

Zutaten für 4 Personen:
1 Vanilleschote
3/4 l Milch
2 sehr frische Eier (Größe M)
1/2 TL Zitronensaft
2 EL Zucker
1 Prise Salz
100 g Vollmilchschokolade
2 EL Kakaopulver
1 Prise Zimtpulver
1 Prise Chilipulver (nach Belieben)

Zubereitungszeit: 30 Minuten
Kalorien pro Portion: 325 kcal

1_Die Vanilleschote der Länge nach aufschlitzen und aufklappen, Mark herauskratzen. Schotenhälften quer halbieren und mitsamt dem Mark und der Milch in einen flachen, weiten Topf füllen. Warm werden lassen.

2_Inzwischen die Eier trennen. Eiweiße steif schlagen, dabei den Zitronensaft dazugeben und nach und nach den Zucker und die Salzprise einrieseln lassen. Wenn der Eischnee schön fest und glänzend ist, mit zwei Esslöffeln Nocken abstechen und in die heiße Milch legen, die aber nicht kochen soll. Die Nockerl in der Milch etwa 6 Minuten bei schwacher Hitze zugedeckt ziehen lassen, dann vorsichtig umdrehen und noch einmal so lange garen.

3_Die Schokolade inzwischen fein hacken. Die Schneenockerl mit dem Schaumlöffel aus der Milch heben und auf einer Platte im Backofen bei 50 Grad warm halten.

4_Vanilleschote aus der Milch fischen. Schokolade und Kakao in die Milch geben und unter Rühren darin auflösen. Suppe mit Zimt und eventuell Chili abschmecken.

5_Die Eigelbe in einer Schüssel mit 2 EL warmer Suppe glatt rühren. Topf kurz vom Herd ziehen und die Eigelbmasse in die Suppe rühren. Noch mal auf den Herd stellen und unter Rühren erwärmen, bis die Suppe dicker wird. Kochen darf sie aber nicht, sonst flocken die Eigelbe aus. Suppe in tiefe Teller schöpfen, Schneenockerl hineinsetzen, alles warm essen.

Vanillesuppe mit Trauben

Süße Herbstsuppe

Zutaten für 4 Personen:
je 200 g weiße und blaue Weintrauben
(am besten kernlose kaufen)
1 Vanilleschote
3/4 l Milch
1 Prise Salz
4 Eigelb (Größe M)
50 g Zucker
30 g Mehl
100 g Sahne
1 Prise Zimtpulver oder
1 TL Kakaopulver

Zubereitungszeit: 30 Minuten
Kalorien pro Portion: 420 kcal

1_Trauben waschen, halbieren und die Kerne mit der Messerspitze rauslösen (bei kernlosen entfällt das). Trauben mischen und in vier tiefen Tellern verteilen.

2_Die Vanilleschote längs aufschlitzen und aufklappen. Das Mark herauskratzen, Schotenhälften quer halbieren. Beides mit der Milch in einen Topf füllen und heiß werden lassen.

3_Wenn die Milch aufkocht, das Salz unterrühren und den Topf von der Kochstelle nehmen. 10 Minuten nachziehen lassen, dann die Vanilleschote aus der Milch fischen.

4_Einen anderen Topf nehmen und darin Eigelbe und Zucker mit den Quirlen des Handrührgeräts hellschaumig schlagen. Das Mehl untermischen, dann immer weiterrühren und die Milch langsam dazufließen lassen. Auf den Herd stellen und langsam warm werden lassen. Dabei weiter durchrühren, bis die Mischung dickflüssig wird. Aber keinesfalls kochen lassen, sonst flocken die Eigelbe aus.

5_Die Sahne unterrühren. Die Vanillesuppe abschmecken und eventuell noch nachsüßen, dann über die Weintrauben gießen. Wer mag, streut jetzt noch ein ganz bisschen Zimt oder Kakao darüber. Am besten gleich aufessen.

TIPP
Statt mit Trauben lässt sich die Vanillesuppe auch mit Zwetschgen machen. Im Sommer passen Erdbeeren oder Himbeeren ebenfalls sehr gut.

Beeren-kaltschale

Sommerlich frisch

Zutaten für 4 Personen:
600 g gemischte Beeren (z. B. Heidelbeeren, Himbeeren, Brombeeren und Johannisbeeren)
1 Bio-Zitrone | 100 g Zucker
1 Zimtstange | 200 g Sahne
1 Päckchen Vanillezucker

Zubereitungszeit: 40 Minuten
Kalorien pro Portion: 310 kcal

1_Zarte Beeren wie Himbeeren nur verlesen, die anderen vorsichtig waschen und abtropfen lassen.

2_Zitrone heiß waschen und die Schale dünn abschälen – am besten in einer Spirale, Stücke gehen aber auch. Wichtig: Wirklich dünn schälen, die weiße Haut unter der gelben schmeckt bitter! Eine Zitronenhälfte auspressen.

3_Saft und Schale mit Zucker, Zimt und 3/4 l Wasser in einem Topf erhitzen. Den Deckel halb auflegen, die Flüssigkeit bei starker Hitze 10 Minuten kochen lassen.

4_Dann die Beeren untermischen und alles 5 Minuten weiterkochen. Abkühlen lassen, Zimt und Zitronenschale aus dem Sud fischen. Beeren mit dem Sud pürieren und durch ein Sieb streichen – so bleiben die Kerne im Sieb.

5_Die Sahne steif schlagen, dabei den Vanillezucker einrieseln lassen. Die Beerenkaltschale in Suppenteller oder -tassen schöpfen. Jeweils ein paar Sahnetupfen darauf verteilen.

VARIANTE: Apfelkaltschale
Statt der Beeren 800 g säuerliche Äpfel schälen, vom Kerngehäuse befreien und in Schnitze schneiden. Schale von 1 und Saft von 2 Bio-Zitronen mit 100 g Zucker und knapp 1 l Wasser aufkochen. Äpfel darin zugedeckt 15–20 Minuten bei mittlerer Hitze kochen, abkühlen lassen. Dann alles ohne die Zitronenschale pürieren, abschmecken. 100 g Quark mit 2 Päckchen Vanillezucker verrühren, 100 g steif geschlagene Sahne unterheben. Sahnequark mit zwei Esslöffeln zu Nocken formen. Suppe auf Teller verteilen, die Nocken hineinsetzen.

Himbeer-Eisbecher

Üppig und fruchtig

Zutaten für 4 Personen:
2 Baisertörtchen
8 Amarettini
1/2 Bio-Limette
400 g Himbeeren
2 EL Himbeersirup
200 g Sahne
1 Päckchen Vanillezucker
je 4 Kugeln Vanille- und Schokoladeneis
2 EL Raspelschokolade

Zubereitungszeit: 15 Minuten
Kalorien pro Portion: 595 kcal

1_Baisertörtchen in einen Gefrierbeutel geben und mit dem Nudelholz darüberrollen, dabei mittelgrob zerbröseln. Herausnehmen und die Amarettini im Beutel fein zerstoßen.

2_Limette heiß waschen und die Schale fein abreiben. Himbeeren verlesen, die Hälfte davon mit einer Gabel fein zerdrücken, mit dem Himbeersirup und der Limettenschale verrühren. Die restlichen Himbeeren ganz lassen.

3_Sahne nicht ganz steif schlagen, dabei den Vanillezucker einrieseln lassen, die Baiserbrösel unterheben. Und jetzt wird geschichtet: Je 1 Kugel Eis in Dessertgläser füllen. Die Hälfte der Sahne und des Himbeerpürees mit ein paar ganzen Beeren daraufgeben. Mit der zweiten Eiskugel, der restlichen Sahne, dem übrigen Püree und den restlichen Himbeeren bedecken. Amarettinibrösel mit der Schokolade mischen und aufstreuen. Gleich essen!

TIPP
Den Eisbecher ohne Beeren und Püree einschichten. Dann die Himbeeren in dem Sirup heiß werden lassen, darübergeben.

VARIANTE: Eisbecher mit Rumzwetschgen
400 g Zwetschgen waschen, halbieren, entsteinen und klein würfeln. Mit 4 EL braunem Rum und 4 EL braunem Zucker etwa 5 Minuten kochen, dann abkühlen lassen. 200 g Sahne mit 1 Päckchen Vanillezucker und 1/4 TL Zimtpulver steif schlagen, 2 zerbröselte Baisertörtchen untermischen. Beides mit je 4 Kugeln Vanille- und Krokant- oder Nusseis in die Gläser füllen und nach Belieben noch mit fertigem Haselnusskrokant bestreuen.

Eis-Kaffee-Schokolade

Gut kombiniert!

Zutaten für 4 Personen:
300 ml frisch gebrühter Espresso
1 EL Zucker
100 g Zartbitterschokolade
150 ml Milch
1 Pfirsich
200 g Sahne
1 EL Ahornsirup
je 4 Kugeln Vanille- oder Kokoseis und Schokoladeneis

Zubereitungszeit: 20 Minuten
Kalorien pro Portion: 580 kcal

1_Den heißen Espresso mit dem Zucker mischen und in ein hohes Gefäß gießen. In eine Schüssel Wasser mit Eiswürfeln füllen. Kaffee hineinstellen und darin rasch kühl werden lassen.

2_Inzwischen die Schokolade in kleine Stücke brechen. Mit der Milch in einen Topf geben und darin bei schwacher Hitze schmelzen lassen. Lauwarm abkühlen lassen.

3_Vom Pfirsich die Haut abziehen. Wenn er reif ist, geht das mit einem kleinen Messer ganz leicht. Wenn er noch ein bisschen härter ist, braucht er Nachhilfe: wie eine Tomate mit kochend heißem Wasser überbrühen, kurz ziehen lassen, abschrecken und die Haut ablösen. Pfirsich halbieren, Stein entfernen und das Fruchtfleisch ganz klein würfeln. Die Sahne steif schlagen, den Pfirsich mit dem Ahornsirup untermischen.

4_Den Espresso in hohe Gläser füllen. Je 1 Kugel helles und dunkles Eis hineingeben. Die Milchschokolade darübergießen und alles mit der Pfirsichsahne garnieren. Gleich servieren.

TIPP
Freunde von säuerlichem Eis nehmen statt Vanilleeis einfach Zitronensorbet. Und wer gerne scharf isst, kann die Schokomilch noch mit 1 kleinen Prise Chilipulver aufpeppen.

Mango-Kokos-Eisbecher

Schön exotisch

Zutaten für 4 Personen:
1 Bio-Limette
1 Mango
175 ml Kokosmilch
1 EL Zucker
75 g weiße Schokolade (eventuell mit Kokos)
1 EL Kokos- oder Orangenlikör (nach Belieben)
4 Löffelbiskuits (etwa 60 g)
1 EL Butter
je 4 Kugeln Kokos- und Zitroneneis

Zubereitungszeit: 30 Minuten
Kalorien pro Portion: 490 kcal

1_Die Limette heiß waschen und die Schale fein abreiben, Saft auspressen. Die Mango schälen und das Fruchtfleisch in Stücken vom Kern abschneiden. Das Mangofleisch mit Limettensaft, 100 ml Kokosmilch und dem Zucker im Mixer fein pürieren.

2_Schokolade in kleine Stücke brechen, mit der übrigen Kokosmilch in einen Topf geben und darin bei schwacher Hitze schmelzen lassen. Mit der Limettenschale und eventuell dem Likör abschmecken und abkühlen lassen.

3_Inzwischen die Löffelbiskuits in kleine Stücke brechen. Die Butter schmelzen, die Biskuitstücke darin bei mittlerer Hitze unter Rühren knusprig rösten, leicht abkühlen lassen.

4_Etwas Mangopüree in Gläser oder Schälchen löffeln. Je 1 Kugel Kokos- und Zitroneneis daraufsetzen, mit dem restlichen Mangopüree und der Schokoladensauce beschöpfen. Mit dem gerösteten Biskuit bestreuen und gleich essen.

TIPP
Noch üppiger wird der Eisbecher mit 150 g steif geschlagener Sahne, nach Gusto mit Vanillezucker oder Kokossirup (aus dem Getränkebedarf) gesüßt und unter dem Biskuit eingefüllt.

Bananensalat mit Granatapfel

Mit rotem Sirup gesüßt

Zutaten für 4 Personen:
1 1/2 Granatäpfel
50 ml roter Traubensaft
1 EL Zucker
1 Prise Nelken- oder Zimtpulver
4 große Bananen
1 EL Zitronensaft
1 Päckchen Vanillezucker
50 g Walnusskerne

Zubereitungszeit: 15 Minuten
Kalorien pro Portion: 250 kcal

1_1 Granatapfel aufschneiden und mit der Zitruspresse den Saft auspressen. Den Granatapfelsaft mit Traubensaft und Zucker in einen Topf geben, zum Kochen bringen und bei starker Hitze leicht dicklich einkochen lassen. Das dauert ungefähr 5 Minuten. Den Sirup mit Nelken- oder Zimtpulver abschmecken und abkühlen lassen.

2_Inzwischen die übrige Granatapfelhälfte in Stücke brechen und die Kerne aus den Trennhäutchen herauslösen. Die Bananen schälen und in Scheiben schneiden. Mit dem Zitronensaft und dem Vanillezucker mischen. Walnusskerne in kleine Stücke brechen und untermengen.

3_Bananensalat in Schälchen verteilen und den Sirup darüberlöffeln. Mit den Granatapfelkernen bestreuen.

TIPP
Statt der Bananen 4 kleine Äpfel vierteln, schälen und vom Kerngehäuse befreien. Apfelviertel in Scheiben und anschließend in Streifen schneiden und kurz im Sirup aufkochen. Warm mit Krokant- oder Walnusseis servieren.

Apfel-Birnen-Salat mit Nusssauce

Herbstlich

Zutaten für 4 Personen:
2 säuerliche Äpfel
2 saftige Birnen
1 EL Mandel- oder Haselnussmus (gibt es im Reformhaus und im Bio-Laden)
2 EL Schmand oder fester Joghurt
1 EL Zucker
1 1/2 EL Zitronensaft

Zubereitungszeit: 15 Minuten
Kalorien pro Portion: 110 kcal

1_Die Äpfel und die Birnen vierteln und die Kerngehäuse herausschneiden. Die Viertel schälen und in dünne Scheiben schneiden.

2_Mandel- oder Haselnussmus, Schmand oder Joghurt, Zucker und Zitronensaft in einer Schüssel mit dem Schneebesen kräftig durchrühren. Obst untermischen. Ein Löffelchen probieren. Wenn der Salat noch Zucker oder Zitronensaft braucht, gleich nachwürzen, dann servieren.

Obstsalat mit Kokossahne

Schmeckt mit jedem Obst

Zutaten für 4 Personen:
150 g kleine Erdbeeren
100 g Himbeeren
1 Birne
1 Apfel
1 Banane
2 Kiwis
1 1/2 EL Zitronensaft
2 EL Zucker
4 EL Kokosraspel
150 g Sahne

Zubereitungszeit: 20 Minuten
+ 15–30 Minuten Marinieren
Kalorien pro Portion: 295 kcal

1_Erdbeeren vorsichtig waschen und die Kelchblätter herausschneiden. Himbeeren verlesen. Birne, Apfel, Banane und Kiwis schälen. Die Birne und den Apfel vierteln, entkernen und in Schnitze schneiden. Die Banane in Scheiben schneiden. Die Kiwis längs vierteln, den Strunk aus der Mitte heraustrennen und die Kiwis in dünne Scheiben schneiden.

2_Den Zitronensaft mit 1 EL Zucker verrühren, unter die Früchte mischen und 15–30 Minuten marinieren lassen.

3_Kokosraspel mit 1 TL Zucker in einer Pfanne mischen und ohne Fett unter Rühren bei mittlerer Hitze goldgelb rösten. Dabei aufpassen, dass sie nicht verbrennen! Auf einen Teller geben. Die Sahne nicht ganz steif schlagen, dabei den restlichen Zucker einrieseln lassen, die Kokosflocken untermischen. Den Obstsalat auf Tellern verteilen und mit der Kokossahne garnieren.

TIPP
Statt Kokosraspel auch mal etwas fein abgeriebene Orangen- oder Limettenschale unter die Sahne mischen. Genauso fein: Haselnusskrokant.

Ananassalat mit Datteln

In jeder Jahreszeit zu haben

Zutaten für 4 Personen:
100 g entsteinte Datteln
4 EL Zitronensaft
2 EL Apfeldicksaft
1 kleinere Ananas
1 Prise grob gemahlener schwarzer Pfeffer

Zubereitungszeit: 25 Minuten
Kalorien pro Portion: 170 kcal

1_Die Datteln in Streifen schneiden. Zitronensaft mit Dicksaft verrühren und die Datteln untermischen.

2_Von der Ananas Schopf mit den Blättern und unteres Ende abschneiden. Ananas aufrecht aufs Brett stellen und die Schale Streifen für Streifen abschneiden. Braune Stellen aus der Ananas mit der Spitze vom Kartoffelschäler herauslösen. Ananas der Länge nach vierteln, den harten Strunk aus der Mitte herausschneiden. Ananas klein würfeln und mit den Datteln vermischen. Abschmecken und mit Pfeffer übermahlen.

Basic:

Wer die Idee zum
Blätterteig hatte,
muss ein wahrer
Meister gewesen sein.
Echte Wohltäter aber
waren jene, die ihn
durch Einfrieren all-
tagstauglich machten.

Für Blätterteig von Hand wird ein Teig aus
Wasser und Mehl mit Butter geschichtet
und immer wieder gefaltet und ausgerollt
(»getourt« sagen Profis), bis die Teigplatten am Ende das Potenzial zum viel-
blättrigen Aufgehen haben. Selbst Fach-
leute brauchen dafür viel Zeit, weswegen
TK-Blätterteig auch bei Hobby-Patissiers
als Fertigprodukt akzeptiert ist.

Zum Auftauen die Teigplatten nebenei-
nanderlegen. Dann trockenwischen und
verwenden, wie sie sind – oder präpariert:
etwa für eine große Teigplatte, die nicht
so stark aufgehen soll (z.B. zum Ausstechen), den Blätterteig auf bemehlter
Fläche leicht überlappend ausbreiten und
mit dem bemehlten Teigroller ausrollen –
von links nach rechts und von oben nach
unten, nie diagonal. Soll der Teig mehr
aufgehen, Platten mit Wasser bepinseln,
übereinanderlegen (die letzte trocken
lassen) und ausrollen. Nach dem Zu-
schneiden die Teigstücke 15 Minuten
ruhen lassen. Beim Bestreichen mit Eigelb
oder Eiweiß darauf achten, dass nichts an
die Schnittkanten kommt, sonst geht der
Teig dort nicht auf. Gebacken wird rasch
und heiß auf dem nassen Blech: 200 Grad
sind der Standard.

im Bild:
Erdbeer-
Tarteletts

Blätterteig

Erdbeer-Tarteletts

Dessertküchlein à la Bistro

Zutaten für 4 Stück:
2 Platten TK-Blätterteig (150 g)
16 kleine Erdbeeren
4 EL Erdbeerkonfitüre
1 Eigelb (Größe M)
150 g Mascarpone
1 TL Vanillezucker

Zubereitungszeit: 20 Minuten
+ 20 Minuten Backen
Kalorien pro Stück: 380 kcal

1_Die Teigplatten auftauen lassen. Aus jeder Platte je zwei möglichst große, runde Fladen ausstechen. Aus dem restlichen Teig Ornamente schneiden.

2_Die Erdbeeren kurz im Sieb abspülen, trockentupfen, entkelchen und der Länge nach in dünne Scheiben schneiden. Die Erdbeerscheiben dachziegelartig auf den Teigkreisen jeweils zum Kreuz formen.

3_Backofen auf 200 Grad vorheizen (auch schon jetzt einschalten: Umluft 180 Grad). Die Erdbeerkonfitüre erhitzen, durch ein feines Sieb streichen und die Erdbeerscheiben damit bepinseln. Eigelb glatt rühren, die Teigplatten damit bestreichen (aber nicht die Ränder verkleben). Die Ornamente ebenfalls mit Eigelb bepinseln und beliebig zwischen die Beeren setzen.

4_Ein Backblech mit Wasser bespritzen, die Törtchen daraufsetzen und im Ofen (Mitte) etwa 20 Minuten backen. In der Zeit den Mascarpone mit Vanillezucker verrühren und die Creme zu den Törtchen servieren, die sowohl lauwarm als auch abgekühlt gegessen werden können.

Cassata-Taschen

Teigtaschen »alla mamma«

Zutaten für 12 Stück:
150 g Korinthen
450 g TK-Blätterteig
3 EL Puderzucker
100 g Marzipan-Rohmasse
100 g getrocknete Aprikosen
100 g gemischte, kandierte Früchte
1 EL Portwein oder Sherry
1 EL Honig
1 TL Zimtpulver
1 Eiweiß (Größe M)
4 EL Hagelzucker

Zubereitungszeit: 40 Minuten
+ 15–20 Minuten Backen
Kalorien pro Stück: 290 kcal

1_Korinthen knapp mit warmem Wasser bedecken, 30 Minuten quellen lassen. Die Teigplatten auftauen lassen. Puderzucker und Marzipan glatt verkneten und zu einer 4 cm dicken Rolle formen.

2_Die Aprikosen fein würfeln und die kandierten Früchte hacken. Portwein oder Sherry, Honig und Zimt miteinander verrühren. Korinthen gut abtropfen lassen und mit kandierten Früchten, Aprikosen und Honigmischung vermengen.

3_Aus den Blätterteigplatten 12 Kreise (8 cm Ø) ausstechen und mit der Gabel öfters einstechen. Die Marzipanrolle in 12 Scheiben teilen. Backofen auf 200 Grad vorheizen (auch schon jetzt einschalten: Umluft 180 Grad).

4_Auf jeden Teigkreis 1 EL Füllung geben, eine Marzipanscheibe darauflegen und den Teig drumherum mit etwas verquirltem Eiweiß bestreichen. Die Teigränder so über dem Marzipan einschlagen, dass ovale Päckchen entststehen.

5_Die gefüllten Päckchen wenden, mit dem Teigroller etwas flach drücken und die Oberfläche dreimal einschneiden. Die Päckchen mit Eiweiß bestreichen und mit Hagelzucker bestreuen. Cassata-Taschen im Ofen (Mitte) in 15–20 Minuten goldbraun und knusprig backen und lauwarm oder kalt servieren.

TIPPs

Die Cassata-Taschen schmecken pur aber auch mit Vanilleeis sehr gut.
Wer's ein bisschen knackiger mag, nimmt nur 100 g Korinthen für die Füllung und gibt dafür noch je 2 EL Pistazien- und Pinienkerne dazu, die in der trockenen Pfanne angeröstet werden, bis sie duften.

Desserts für sonntags

Ein Sonntag ohne Nachtisch ist ein verlorener Tag. Wenn die Bratenplatte weggeräumt ist, der Kaffee schon zischt oder noch gluckert, und die Gürtel gelöst werden können, dann muss einfach der süße Auftritt sein. Egal ob Eisbombe oder Fürst-Pückler-Sandwich, ob Espresso-Gelee mit Sambucasahne oder Ziegenkäsemousse mit Weinkirschen – Hauptsache, es ist was Feines und schmeckt richtig toll. Wir haben da mal was vorbereitet (das übrigens auch am Montag alle Schleckermäulerherzen höher schlagen lässt).

Sweets Of The Times

Die Mousse

Man schrieb noch die 60er, als sich die Mousse au chocolat zu uns aufmachte. In Paris war Revolution, in unserer Küche noch nicht, und die Nouvelle Cuisine war auch noch weit weg. Dafür bildeten sich erste Wohngemeinschaftsküchen und frankophile Kochzellen, zwischen denen Geheimrezepte für die reichere und teurere Version des Schokoladenpuddings ausgetauscht wurden. Bis weit in die 70er hinein war man Queen oder King, wenn man zum Fest mit einer Schüssel voller Mousse au chocolat kam (damals musste man zum Dinner daheim noch keinen Tellerservice samt Nockenabstechen bieten).

Wenn in dieser Schüssel dann statt einer träg fließenden Creme jener butter-bitter-süße Schaum war, der den Namen der Mousse verdient, bewunderte einen jeder. Weil man Eier im Wasserbad aufschlagen und die dann auch noch unfallfrei mit geschmolzener Schokolade verbinden konnte, was ebenso eine Herausforderung ist wie die Diskussion darüber, ob nun Butter (»wird zäh!«) oder Sahne (»verfälscht!«) und/oder Eischnee (»ist roh!«) in die Mousse soll. Inzwischen haben die meisten IHR privates Lieblingsrezept gefunden (zwei bieten wir auf Seite 86), in der Öffentlichkeit sieht man die Mousse heute selten – außer im Supermarkt sowie versteckt im Schokokuchen ohne Mehl.

Wer **Eisbombe*** mag ...

... könnte auch das mögen:

Mini-Cheesecakes (Seite 47)
Basilikum-Limetten-Sorbet (Seite 88)
Brotpudding (Seite 117)
Erdbeer-Aprikosen-Smoothie (134)

(*Seite 90)

... Sterntülle

Und »Spritzsack«. Und »dressieren«. Aber der Reihe nach: Mit dem leicht märchenhaften Wort ganz oben ist ein schnödes Stück Metall (Plastik ist für Hausfrauen) gemeint, das zu einem kleinen Kegel geformt ist, der an seiner Spitze eine gezackte Öffnung hat – das Ganze schaut aus wie ein Spielzeugzaubererhut, der ganz oben zur Spielzeugkönigskrone wird, die von oben betrachtet ein Stern ist. Diese Tülle wird nun in den ebenfalls kegelförmigen, aber viel größeren und weicheren Spritzsack gesteckt und durch die Öffnung geschoben, bis der Rand schön fest sitzt. Und da kommt dann die Sahne rein, die durch die Sternzacken schön adrett auf Desserts, Eisbecher und Großtorten »dressiert« wird. Wie genau? Auf Seite 20 nachschlagen.

Süße Typen

Lady Chocolate

Diese Dame liebt es üppig, ohne es selbst wirklich zu sein – es ist halt nur alles am richtigen Platz bei ihr, vor allem ihr Herz für alles Süße von Adel.

Bei einem Kakao Royal* oder einer Tafel Criollo** lässt sie dieses Herz gerne mal kurz von der Leine – aber dann ist's auch wieder gut. Extreme Schokoholik-Attacken sind nämlich ebenso was fürs Volk wie 99%ige Plantagenschokoladen-Extreme was für die degenerierte Verwandtschaft. Und bevor eine wie Lady Chocolate aus ihrer Lust eine Fuchsjagd macht, zieht sie sich lieber in ihren exquisiten Bau zurück, lässt sich eine echte Sachertorte als Köder liefern und wartet in aller Ruhe, bis der rassigste Jagdhund bei ihr anschlägt – und dann auch bereitwillig die Sahne, pardon, den Obers schlägt.

*Kakao Royal: heiße Schokolade mit Eierlikör

**Criollo: edle Kakaosorte im Gegensatz zur sonst üblichen Forastero, siehe auch Seite 22–23

Zum Schluss: AROMASAHNE

Wann wird der Tag kommen, an dem die Fortschrittsküche das Sahnehäubchen wiederentdeckt? Irgendwas muss dran sein an ihm, hätte es sonst so lange die Dessertdekoration Nr. 1 sein können? Heute begegnen wir ihm am ehesten noch auf Landhochzeiten. Schade.

Wir finden aber, dass auch im Rest der Welt wieder Zeit für die fette Rosette ist. Zumal sie mehr als nur süß sein kann. Etwa dann, wenn unter die geschlagene Sahne etwas (!) guter (!!) Obstbrand oder Likör kommt und/oder Kakao oder ein süßes Gewürz wie Kardamom, Zimt, Vanille. Noch intensiver wird das, wenn die Sahne mit ganzen Gewürzen erhitzt (nicht gekocht) und wieder abgekühlt wird. Nach einer Nacht im Kühlschrank lässt sie sich wie immer steif schlagen. Das geht auch, wenn eine Tafel Schokolade darin geschmolzen wurde (100 g auf 500 g Sahne). Und wenn Mascarpone oder Crème fraîche mit Sahne zu gleichen Teilen vermischt wird, lässt sich das auch steif schlagen – was dann aber eher zum Dessert als zum Häubchen taugt.

Bayerische Creme mit Erdbeerpüree

Klassiker, der niemals alt aussieht

Zutaten für 6 Personen:
Für die Bayerische Creme:
1 dicke Vanilleschote
400 ml Milch
6 Blatt weiße Gelatine
4 sehr frische Eigelb (Größe M)
70 g Zucker
200 g Sahne
Für das Erdbeerpüree:
500 g Erdbeeren
etwa 3 EL Puderzucker
1 EL Orangenlikör oder Erdbeersaft

Zubereitungszeit: 45 Minuten
(+ 4 Stunden Kühlen)
Kalorien pro Portion: 295 kcal

1_Für die Creme die Vanilleschote der Länge nach aufschlitzen und aufklappen. Das Mark mit dem Messerrücken herausschaben. Die Schotenhälften quer durchschneiden und mit Mark und Milch in einen Topf geben. Heiß werden lassen.

2_Zeit für die Gelatine: Die Blätter in eine Schüssel legen und mit kaltem Wasser bedecken. Etwa 10 Minuten stehen lassen, bis die Blätter weich werden.

3_In der Zwischenzeit eine Metallschüssel mit rund gewölbtem Boden in einen Topf mit Wasser setzen, erhitzen. Die Eigelbe und den Zucker in die Schüssel geben und mit dem Schneebesen schaumig rühren. Die Vanilleschote aus der Milch fischen. Die Milch zur Eigelbcreme fließen lassen, dabei immer kräftig rühren, bis die Creme warm und dickflüssig wird. (Wer sich das heiße Wasserbad sparen möchte, macht es wie die Profis: siehe Basic-TIPP).

4_Nun für ein kaltes Wasserbad in einer großen Schüssel kaltes Wasser mit ein paar Eiswürfeln mischen. Metallschüssel mit der Eigelbcreme hineinstellen. Die Gelatineblätter nach und nach abtropfen lassen und einzeln unter die jetzt noch warme Creme rühren, bis sie sich auflösen. Dann die Creme noch ein paar Minuten im kalten Wasserbad weiterrühren, bis sie handwarm ist.

5_Jetzt die Sahne steif schlagen, auf die Vanillecreme häufen und mit dem Schneebesen unter die Creme heben. Sechs Förmchen (je 200 ml Inhalt) mit kaltem Wasser ausspülen, kurz abtropfen lassen. Die Creme einfüllen und für mindestens 4 Stunden in den Kühlschrank stellen.

6_Für das Erdbeerpüree die Beeren vorsichtig waschen, die Kelchblätter mit der Messerspitze herausschneiden. Beeren würfeln und mit dem Puderzucker und dem Orangenlikör oder Erdbeersaft mit einer Gabel sehr fein zerdrücken. Stören die Kerne? Dann das Püree auch noch durch ein feines Sieb streichen.

7_Zum Servieren die Creme mit einem Messer vom Rand der Förmchen lösen. Auf jedes Förmchen umgedreht einen Teller legen, beides zusammen schwungvoll umdrehen und die Creme auf den Teller gleiten lassen. Mit dem Erdbeerpüree umgießen, auf den Tisch stellen.

Basic-TIPP

Wer seine Bayerische Creme ohne das heiße Wasserbad zubereiten möchte, braucht nur etwas Fingerspitzengefühl in Sachen Hitze, sonst bleibt eigentlich fast alles gleich: Die Eigelbe mit dem Zucker gleich in einem Topf schaumig rühren. Die heiße Milch zur Eigelbcreme fließen lassen, dabei immer kräftig rühren. Und jetzt den Topf auf den Herd stellen und die Creme bei schwacher Hitze langsam warm werden lassen, bis sie dickflüssig wird. Dabei auch immer rühren und vor allem die Creme nicht kochen lassen, sonst gerinnen die Eigelbe. Einmal kurz aufpuffen darf sie aber schon. Dann weitermachen wie oben.

Crème brûlée mit Limette

Mit Frische-Kick

Zutaten für 4 Personen:
1 Vanilleschote
500 g Sahne
1 Bio-Limette
1 Stück frischer Ingwer (etwa 1/2 cm)
5 sehr frische Eigelb (Größe M)
3 Päckchen Vanillezucker
2 EL Limoncello (nach Belieben)
4 EL Puderzucker

Zubereitungszeit: 30 Minuten
+ 45 Minuten Garen
+ 4 Stunden Kühlen
Kalorien pro Portion: 550 kcal

1_Die Vanilleschote der Länge nach aufschlitzen und aufklappen, das Mark mit dem Messerrücken herausschaben. Die Schotenhälften quer halbieren und mit Mark und Sahne heiß werden lassen.

2_Die Limette heiß waschen und die Schale fein abreiben. Den Ingwer schälen und durch die Knoblauchpresse drücken oder auch ganz fein reiben.

3_Die Eigelbe mit Vanillezucker und nach Belieben mit dem Limoncello schaumig schlagen. Vanilleschote aus der Sahne fischen, Sahne unter Rühren langsam zur Eigelbcreme fließen lassen. Die Limettenschale und den Ingwer unterrühren. Die Sahne in vier hitzefeste Förmchen (je etwa 1/4 l Inhalt) gießen.

4_Backofen auf 150 Grad vorheizen (erst später einschalten: Umluft 130 Grad). Die Fettpfanne des Backofens mit heißem Wasser füllen und die Förmchen hineinstellen, sie sollen etwa bis zur halben Höhe im Wasser stehen. Flans im Ofen (Mitte) in etwa 45 Minuten fest werden lassen. Dann abkühlen lassen und etwa 4 Stunden in den Kühlschrank stellen.

5_Und jetzt kommt der Bunsenbrenner zum Einsatz. Puderzucker auf die Flans stäuben und die Flamme des Bunsenbrenners darüber hin und her bewegen, bis der Zucker schmilzt und eine dünne dunkelbraune Kruste auf den Flans entstanden ist. Ersatz: Grill vom Backofen vorheizen. Puderzucker auf die Flans streuen und unter den Grillschlangen mit etwa 10 cm Abstand in 4–5 Minuten schmelzen und braun werden lassen. In beiden Fällen: Sofort warm servieren.

Schokoflans mit Feigensauce

Achtung! Macht süchtig!

Zutaten für 4 Personen:
200 ml Milch
200 g Sahne
je 50 g Zartbitter- und Vollmilchschokolade
50 g Amarettini
2 Eier (Größe M)
2 Eigelb (Größe M)
50 g Zucker
250 g Feigen (etwa 6 Stück)
50 ml roter Portwein oder Sherry (ersatzweise Wasser und 1 TL Zitronensaft)
1 EL Honig
2 TL Zitronensaft

Zubereitungszeit: 30 Minuten
+ 1 Stunde Garen
Kalorien pro Portion: 557 kcal

1_Für die Flans Milch und Sahne in einem Topf warm werden lassen. Schokolade in Stücke brechen, in die heiße Sahnemilch legen und darin schmelzen lassen. Dann lauwarm abkühlen lassen.

2_Inzwischen Amarettini in einen Plastikbeutel füllen. Mit dem Nudelholz darüberrollen, bis die Kekse fein zerbröseln.

3_Backofen auf 150 Grad vorheizen (erst später einschalten: Umluft 130 Grad). Eier, Eigelbe und Zucker in einer Schüssel mit den Quirlen des Handrührgeräts hell und schaumig schlagen. Schokomilch unterrühren, dann die Amarettinibrösel.

4_Vier hitzefeste Förmchen (je etwa 1/4 l Inhalt) mit der Schokomasse füllen. Fettpfanne des Backofens etwa 3 cm hoch mit heißem Wasser füllen. Förmchen hineinstellen, Flans im Ofen (Mitte) etwa 1 Stunde garen, bis sie fest sind. Abkühlen lassen.

5_Für die Sauce Feigen waschen, Stiele abschneiden. Die meisten Feigen müssen nicht geschält werden. Nur wenn die Schale sehr dick ist, muss das sein. Die Feigen würfeln und mit Wein oder Sherry einmal aufkochen, dann abkühlen lassen. Mit Honig und Zitronensaft abrunden.

6_Die Flans mit einem Messer vom Rand der Förmchen lösen. Dessertschälchen auf die Formen legen, beides zusammen umdrehen und jeden Flan ins Schälchen rutschen lassen. Mit Sauce garnieren.

Mohr im Hemd

Auch noch am nächsten Tag superlecker

Zutaten für 4 Personen:
100 g Zartbitterschokolade
50 g gehäutete Mandeln
4 Eier (Größe M)
1 Prise Salz
40 g weiche Butter +
Butter für die Förmchen
40 g Zucker
1/4 TL Zimtpulver
200 g Sahne
1 Päckchen Vanillezucker

Zubereitungszeit: 30 Minuten
+ 1 Stunde Garen (ohne Abkühlen)
Kalorien pro Portion: 590 kcal

1_Die Schokolade in Stücke brechen und mit den Mandeln in der Küchenmaschine fein zerkleinern. Oder beides in einer Mandelmühle reiben.

2_Die Eier trennen. Eiweiße zu steifem Schnee schlagen, dabei das Salz zugeben. Eischnee in den Kühlschrank stellen.

3_Backofen auf 180 Grad vorheizen (erst später einschalten: Umluft 160 Grad). Vier hitzefeste Förmchen oder Tassen (je etwa 200 ml Inhalt) mit Butter ausstreichen. Die Fettpfanne des Backofens etwa 3 cm hoch mit warmem Wasser füllen.

4_Butter und Zucker mit den Quirlen des Handrührgeräts cremig schlagen. Eigelbe nach und nach unterrühren, dann auch die Schokoladen-Mandel-Mischung und den Zimt untermischen. Ein paar Löffel Eischnee unter die Schokomischung rühren, bis sie geschmeidig ist. Dann den Rest vom Eischnee daraufhäufen und mit dem Schneebesen luftig unterheben.

5_Die Masse in die Förmchen füllen, ins heiße Wasser stellen und im Ofen (Mitte) etwa 1 Stunde garen. Abkühlen lassen.

6_Vor dem Servieren die Sahne mit dem Vanillezucker nicht ganz steif schlagen. Pudding vom Rand der Förmchen lösen, auf Teller stürzen und mit etwas Sahne garnieren. Rest der Sahne dazustellen.

Melonen-Sauerkirsch-Grütze

Frisch und fruchtig

Zutaten für 4 Personen:
1 Stück Honigmelone (etwa 500 g)
400 g Sauerkirschen
100 g Zucker
200 ml Roséwein, Cidre oder
roter Fruchtsaft
60 g Speisestärke

Zubereitungszeit: 30 Minuten
+ 4 Stunden Kühlen
Kalorien pro Portion: 280 kcal

1_Das Melonenstück von den Kernen samt weichem Fruchtfleisch befreien. Die Melone schälen und in sehr kleine Würfel schneiden. Kirschen waschen und entsteinen, das geht am besten mit dem Kirschentsteiner. Kirschen grob hacken.

2_Früchte mit Zucker und Wein, Cidre oder Fruchtsaft in einem Topf verrühren und erwärmen. Bei mittlerer Hitze etwa 5 Minuten kochen lassen.

3_Die Stärke mit 5–6 EL kaltem Wasser anrühren und schwungvoll unter die Früchte rühren. Einmal aufkochen lassen, bis das Ganze dicker wird. Dabei immer weiterrühren. Die Grütze in Gläser füllen und mindestens 4 Stunden in den Kühlschrank stellen.

TIPPs

Die Grütze geliert zwar, wird aber nicht »schnittfest«. Wer sie in Förmchen füllen und vor dem Servieren auf einen Teller stürzen will, muss die Menge der Speisestärke auf 100 g erhöhen.
Zum Servieren flüssige Sahne oder auch cremigen Joghurt mit etwas Zucker oder Honig mischen, auf der Grütze verteilen.

VARIANTE: Rote Grütze klassisch

1 kg rote Beeren (Johannisbeeren, Erdbeeren und Himbeeren) waschen oder nur verlesen, außerdem alle Stiele und Blätter entfernen. Die Beeren mit 1/8 l rotem Fruchtsaft bei mittlerer Hitze 5 Minuten kochen lassen. Wie beschrieben mit der Speisestärke binden und in Gläser füllen, kühl stellen. Sehr fein: mit flüssiger Sahne oder Vanillesauce (Seite 132) servieren.

Espresso-Gelee mit Sambuca-sahne

Einfach und umwerfend gut

Zutaten für 4 Personen:
6 Blatt weiße Gelatine
400 ml frisch gebrühter, starker
Espresso | 50 g Zucker
4 EL Sambuca (Anislikör, ersatzweise ein anderer Anislikör)
1/2 TL Anissamen (nach Belieben)
1 Stück Bio-Orangenschale (etwa 3 cm)
200 g Sahne
1 Päckchen Vanillezucker

Zubereitungszeit: 30 Minuten
+ 5 Stunden Kühlen
Kalorien pro Portion: 245 kcal

1_Gelatineblätter in eine Schüssel legen und mit kaltem Wasser bedecken. In etwa 10 Minuten weich werden lassen.

2_Inzwischen den heißen Espresso mit Zucker verrühren. Gelatineblätter nacheinander aus dem Wasser heben, ausdrücken und unter den heißen Espresso rühren, bis sie nicht mehr zu sehen sind.

3_Espresso mit 2 EL Sambuca verrühren. Eine eckige Form (etwa 15 x 15 cm) mit kaltem Wasser ausspülen. Die Espresso-mischung einfüllen und auskühlen lassen. In den Kühlschrank stellen und in etwa 5 Stunden richtig fest werden lassen.

4_Dann nach Belieben die Anissamen in einer Pfanne etwa 1 Minute bei mittlerer Hitze anrösten. In den Mörser schütten und so fein wie möglich zerdrücken. Die Orangenschale fein hacken. Die Sahne mit dem Vanillezucker in eine hohe Schüssel geben und fast steif schlagen, sie soll noch leicht fließen. Übrigen Sambuca mit Anis und Orangenschale unterrühren.

5_Das Espressogelee vorsichtig auf ein Küchenbrett stürzen. Mit einem Messer in Würfel schneiden. Die Sahne auf Teller verteilen, die Geleewürfel hineinsetzen.

VARIANTE: Orangengelee

Statt Espresso frisch gepressten Orangen-saft (am besten von Blutorangen) nehmen und den Sambuca durch Orangenlikör ersetzen. Die Anissamen weglassen.

Apfelsülzchen mit Minze

Unbedingt Äpfel mit viel Aroma nehmen!

Zutaten für 4 Personen:
400 g säuerliche Äpfel
1/4 l trockener Cidre oder ungesüßter Apfelsaft (am besten naturtrüb)
50 g Zucker
6 Blatt weiße Gelatine
2 Stängel Minze
1 EL Zitronensaft
1 Prise Nelkenpulver

Zubereitungszeit: 30 Minuten
+ 4 Stunden Kühlen
Kalorien pro Portion: 145 kcal

1_Die Äpfel vierteln, schälen, entkernen und klein würfeln. Cidre oder Apfelsaft mit dem Zucker zum Kochen bringen. Die Äpfel einlegen und bei schwacher Hitze zugedeckt um die 10 Minuten garen, bis sie weich werden, aber nicht zerfallen.

2_In der Zwischenzeit: Gelatineblätter in eine Schüssel legen und mit kaltem Wasser bedecken. In etwa 10 Minuten weich werden lassen.

3_Minze waschen und trockenschütteln, die Blättchen von den Stängeln abzupfen und fein hacken. Mit Zitronensaft und Nelkenpulver unter die Äpfel mischen.

4_Gelatineblätter nacheinander aus dem Wasser heben, leicht ausdrücken und unter die heiße Apfelmischung rühren, bis sie nicht mehr zu sehen sind. Die Apfel-mischung in eine Schüssel umfüllen und abkühlen lassen.

5_Dann vier Förmchen (je etwa 150 ml Inhalt) kalt ausspülen. Apfelmischung noch einmal durchrühren und in die Förmchen füllen. In mindestens 4 Stunden im Kühl-schrank richtig fest werden lassen. Dann mit einem Messer vom Rand der Förm-chen lösen und auf Teller stürzen.

TIPP

Die Apfelsülzchen schmecken pur oder mit einer Sauce. Sehr gut passt eine kalte Vanillesauce (Seite 132), Sanddornsauce (Seite 130) oder auch 200 g halb steif geschlagene Sahne, die mit 1/2 fein ge-raspelten Apfel, 1/2 TL fein abgeriebener Bio-Zitronenschale und 1 EL Zucker ver-feinert wurde.

Panna cotta mit Orangensauce

Heute schön luftig

Zutaten für 4 Personen:
1 Vanilleschote
500 g Sahne
50 g Zucker
3 Blatt weiße Gelatine
2 Orangen
1 EL Zitronensaft
1 EL Ahornsirup oder milder Honig
1 kleine Prise Nelkenpulver

Zubereitungszeit: 35 Minuten
+ 4 1/2 Stunden Kühlen
Kalorien pro Portion: 475 kcal

1_Die Vanilleschote der Länge nach aufschlitzen und aufklappen, Mark herausschaben. Mark und Schote mit 400 g Sahne und Zucker in einem Topf warm werden lassen. Dann offen bei mittlerer Hitze etwa 10 Minuten leicht kochen lassen, dabei ab und zu umrühren. Und immer dabeibleiben, damit die Sahne nicht zu heiß wird und überkocht.

2_Inzwischen Gelatine in einer Schüssel mit kaltem Wasser bedecken. 10 Minuten stehen lassen, bis die Blätter weich sind.

3_Topf mit der Sahne vom Herd nehmen. Gelatine nacheinander aus dem Wasser holen, leicht ausdrücken und unter die heiße Sahne rühren und auflösen.

4_Sahne abkühlen lassen, dabei immer mal wieder umrühren, damit sich keine Haut bildet. Dann etwa 30 Minuten in den Kühlschrank stellen, bis sie anfängt, fest zu werden. Übrige Sahne steif schlagen, auf die Sahnecreme häufen und mit dem Schneebesen locker unterheben.

5_Die Panna cotta in vier Förmchen (je etwa 150 ml Inhalt) füllen und für etwa 4 Stunden in den Kühlschrank stellen und fest werden lassen.

6_Dann die Schale von den Orangen mit einem Messer so abschneiden, dass auch die weiße Haut mit entfernt wird. Fruchtfilets zwischen den weißen Häutchen herausschneiden, die Kerne entfernen. Orangenfleisch würfeln und mit Zitronensaft und dem Ahornsirup oder Honig fein pürieren. Mit Nelkenpulver abschmecken.

7_Panna cotta mit einem Messer von den Förmchenrändern lösen. Einen Teller auf jede Form legen, beides zusammen umdrehen und leicht schütteln, bis die Creme herausgleitet. Die Sauce danebenlöffeln.

Kokosmousse mit Mangosauce

Ein Hauch von Karibik

Zutaten für 6 Personen:
3 Blatt weiße Gelatine
4 sehr frische Eiweiß (Größe M)
80 g Zucker
100 g Kokosraspel
250 g Crème fraîche
100 g Sahne
1 Mango
1 Bio-Limette
1 EL Puderzucker
50 ml Kokosmilch

Zubereitungszeit: 30 Minuten
+ 4 Stunden Kühlen
Kalorien pro Portion: 425 kcal

1_Gelatine in einer Schüssel mit kaltem Wasser bedecken. 10 Minuten stehen lassen, bis die Blätter weich sind.

2_Die Eiweiße mit dem Zucker zu steifem Schnee schlagen, die Kokosraspel unterheben. Die Crème fraîche mit der Sahne glatt rühren.

3_Gelatine tropfnass in ein Pfännchen geben, 2 EL Wasser dazulöffeln. Gelatine bei schwacher Hitze erwärmen, bis sie sich auflöst. (Nicht zu heiß werden lassen, sonst kann sie nicht mehr gelieren.) Mit etwa 2 EL von der Creme verrühren, dann unter die ganze Creme mischen, Eischnee unterheben. Die Mousse in Förmchen oder Gläser (je etwa 150 ml Inhalt) füllen und in mindestens 4 Stunden im Kühlschrank fest werden lassen.

4_Für die Sauce die Mango schälen und das Fruchtfleisch vom Kern abschneiden. Limette heiß waschen und die Schale fein abreiben, den Saft von einer Hälfte auspressen. Alles mit dem Puderzucker und der Kokosmilch fein pürieren.

5_Mousse mit einem Messer vom Rand der Förmchen lösen. Auf Teller stürzen und die Sauce rundherum gießen.

Ziegenkäse- mousse mit Weinkirschen

Nur ein bisschen süß

Zutaten für 4 Personen:
2 Blatt weiße Gelatine
1/2 Bio-Zitrone
300 g Ziegenfrischkäse
200 g saure Sahne
100 g Zucker
150 g Sahne
500 g fleischige Kirschen
1/8 l Rotwein
1 Stück Zimtstange (etwa 4 cm)

Zubereitungszeit: 45 Minuten
+ 4 Stunden Kühlen
Kalorien pro Portion: 575 kcal

1_Gelatine in einer Schüssel mit kaltem Wasser bedecken. 10 Minuten stehen lassen, bis die Blätter weich sind.

2_Die Zitronenhälfte heiß waschen und die Schale fein abreiben. Ziegenfrischkäse mit Zitronenschale, saurer Sahne und der Hälfte vom Zucker gründlich verrühren.

3_Gelatine tropfnass in ein Pfännchen geben, 2 EL Wasser dazulöffeln. Gelatine bei schwacher Hitze erwärmen, bis sie sich auflöst. (Nicht zu heiß werden lassen, sonst kann sie nicht mehr gelieren.)

4_Die Gelatine mit 2 EL Ziegenkäsecreme gründlich verrühren, dann unter die ganze Creme mischen. Die Sahne steif schlagen und locker unterheben. Die Mousse in eine Schüssel füllen und mindestens 4 Stunden kühl stellen.

5_Nun zu den Kirschen: Früchte waschen, von den Stielen zupfen und entsteinen. Das geht am besten mit dem Kirschentsteiner. Den Rotwein mit dem restlichen Zucker und der Zimtstange 5 Minuten kochen lassen. Kirschen einrühren und 5 Minuten zugedeckt bei schwacher Hitze dünsten. Die Kirschen abkühlen lassen.

6_Von der Ziegenkäsemousse mit einem Esslöffel Nocken oder Kugeln abstechen und auf Teller setzen. Die Weinkirschen danebenlöffeln (die Zimtstange vorher rausfischen).

Kleine Schokokuchen mit Zabaione

Für besonders liebe Gäste

Zutaten für 6 Personen:
Für die Schokokuchen:
150 g Zartbitterschokolade
100 g Butter
3 Eier (Größe M)
50 g Zucker
1 Päckchen Vanillezucker
50 g Mehl
Butter und Mehl für die Förmchen
oder Gläser
Für die Zabaione:
2 sehr frische Eier (Größe M)
2 sehr frische Eigelb (Größe M)
2 1/2 EL Zucker
1 Prise Zimtpulver
150 ml Marsala, Prosecco oder
fruchtiger Weißwein

Zubereitungszeit: 1 Stunde
Kalorien pro Portion: 465 kcal

1_Erst mal brauchen wir sechs Förmchen (je etwa 200 ml Inhalt) für die Kuchen. Das können kleine Flan- oder Auflaufformen oder auch hitzfeste Gläser wie Einweckgläser oder hitzefeste Tassen sein. Förmchen mit Butter ausstreichen. Dann mit Mehl ausstäuben: Dazu 1 TL Mehl in jedes Förmchen löffeln und dieses so lange nach allen Seiten drehen, bis das Mehl überall haftet. Den Backofen auf 220 Grad vorheizen (auch schon jetzt einschalten: Umluft 200 Grad).

2_Für den Kuchen die Schokolade in Stücke brechen, die Butter würfeln. Beides zusammen in eine kleine Metallschüssel füllen und im heißen Wasserbad schmelzen lassen. Dabei immer mal wieder durchrühren.

3_Wenn die Mischung geschmolzen ist, Schüssel aus dem Wasserbad nehmen. Das Wasser aber noch nicht wegschütten, wir brauchen es später für die Zabaione.

4_Die Eier mit Zucker und Vanillezucker mit den Quirlen des Handrührgeräts schaumig schlagen. Die Schokobutter nach und nach einfließen lassen und gut unterrühren. Das Mehl darübersieben und zügig untermischen.

5_Die Schokoladenmasse in den Förmchen verteilen. In den Ofen (Mitte) stellen und etwa 15 Minuten backen. Die Kuchen sollen innen noch einen flüssigen Kern behalten.

6_Zeit für die Zabaione: Eier, Eigelbe, Zucker und Zimt in eine Metallschüssel mit rund gewölbtem Boden geben und alles schaumig schlagen (ebenfalls mit dem Handrührgerät). Den Marsala, Prosecco oder Weißwein untermischen.

7_Die Schüssel in den Topf hängen und die Schaummasse im heißen Wasserbad 5–10 Minuten kräftig aufschlagen, bis sie dicker wird und schön luftig ist.

8_Schokokuchen aus dem Ofen nehmen und 5–10 Minuten stehen lassen. Dann mit einem Messer vom Rand der Förmchen lösen und ganz vorsichtig auf Teller gleiten lassen. Die Zabaione rundherum gießen. Gleich servieren.

Basic-TIPP

Das Wasserbad kommt zum Einsatz, wenn man empfindlichere Zutaten schmelzen oder aufschlagen will. Man braucht immer einen Topf und eine Schüssel – am besten aus Metall und mit rund gewölbtem Boden. Die Schüssel sollte kleiner als der Topf sein, damit sie hineinpasst, und möglichst einen Rand oder Griffe haben, mit denen man sie am Topfrand einhängen kann. Die Schüssel sitzt nur mit dem Boden im Wasser oder direkt darüber. Das Wasser darf nicht kochen, sondern nur leise blubbern, sonst wird der Schüsselinhalt zu heiß.

Schokomousse mit zarter Cassissahne

Klassiker mit fruchtiger Begleitung

Zutaten für 4–6 Personen:
200 g Zartbitterschokolade
(je edler desto besser)
4 ganz frische Eier (Größe M)
40 g Zucker
300 g Sahne
2 TL Vanillezucker
4 EL Cassis (Likör aus schwarzen Johannisbeeren)

Zubereitungszeit: 30 Minuten
+ 4 Stunden Kühlen
Kalorien pro Portion (bei 6 Personen):
440 kcal

1_Die Schokolade in Stücke brechen und in eine kleine Metallschüssel geben. Im heißen Wasserbad schmelzen lassen, ab und zu umrühren. Die Schüssel aus dem Wasserbad heben und die Schokolade mindestens lauwarm werden lassen.

2_Die Eier trennen. Die Eigelbe mit dem Zucker schaumig schlagen, die Eiweiße zu steifem Schnee schlagen. Die Hälfte der Sahne ebenfalls steif schlagen.

3_Die Schokolade in dünnem Strahl in die Eigelbcreme fließen lassen, dabei immer kräftig rühren. Dann den Eischnee und die geschlagene Sahne nacheinander unterheben. Schokomousse in Schälchen füllen und mindestens 4 Stunden in den Kühlschrank stellen.

4_Zum Servieren die übrige Sahne mit dem Vanillezucker steif schlagen. Cassis locker unterrühren. Die Sahne auf der Mousse verteilen, schmecken lassen.

TIPP
Die Mousse auch mal raffiniert würzen: etwa mit einem Hauch Chilipulver, mit etwas Zimtpulver oder auch mit grob gemahlenem Pfeffer.

Weiße Schokomousse

Braucht leichte Unterstützung

Zutaten für 4–6 Personen:
2 Blatt weiße Gelatine
200 g weiße Schokolade
1 Bio-Orange │ 3 Eier (Größe M)
2 Päckchen Vanillezucker
150 g Sahne
2 EL Orangenlikör (nach Belieben)
1 Limette │ 1 1/2 EL Puderzucker
6 EL Olivenöl

Zubereitungszeit: 25 Minuten
+ 4 Stunden Kühlen
Kalorien pro Portion (bei 6 Personen):
430 kcal

1_Die Gelatine in einer Schüssel mit kaltem Wasser bedecken und in etwa 10 Minuten weich werden lassen.

2_Die Schokolade in Stücke brechen und in eine kleine Metallschüssel geben. In einen Topf mit nicht zu heißem Wasser (weiße Schokolade ist empfindlicher als dunkle!) stellen, unter Rühren schmelzen lassen. Herausnehmen, Schokolade mindestens lauwarm werden lassen.

3_Orange heiß waschen und die Schale fein abreiben. Die Eier trennen. Eigelbe mit dem Vanillezucker und der Orangenschale schaumig rühren, die Eiweiße zu steifem Schnee schlagen. Die Sahne ebenfalls steif schlagen.

4_Gelatine abtropfen lassen und mit dem Orangenlikör oder 2 EL Wasser in einem kleinen Topf erwärmen, bis die Blätter sich auflösen. (Die Gelatine darf aber nicht zu heiß werden, sonst verliert sie ihre Gelierkraft.) Gelatine gründlich unter die Eigelbcreme rühren, Schokolade ebenfalls untermischen. Eischnee und Sahne nacheinander unterheben. Schokomousse in eine Schüssel füllen und mindestens 4 Stunden in den Kühlschrank stellen.

5_Zum Servieren 1/2 Orange und die Limette auspressen. Den Saft mit dem Puderzucker und dem Olivenöl mit einer Gabel oder einem kleinen Schneebesen verschlagen, bis die Sauce cremig wird.

6_Von der Mousse Nocken abstechen und auf Tellern verteilen. Etwas von der Sauce darüberträufeln, servieren.

Schokoterrine
Neues Modell vom kalten Hund

Zutaten für 8 Personen:
300 g Zartbitterkuvertüre
50 g Butter
250 g Sahne
1 Bio-Orange
80 g Orangenmarmelade oder Aprikosenkonfitüre
1 EL Orangenlikör (nach Belieben)
etwa 150 g Butterkekse

Zubereitungszeit: 35 Minuten
+ 6 Stunden Kühlen
Kalorien pro Portion: 455 kcal

1_Die Kuvertüre klein hacken, die Butter würfeln. Sahne in einem Topf einmal aufkochen lassen. Kuvertüre und Butter dazugeben und unter Rühren schmelzen lassen. Die Orange heiß waschen und die Schale fein abreiben. Die Orangenschale unter die Schokoladencreme rühren.

2_Und jetzt wird geschichtet. Eine längliche Form (etwa 1 l Inhalt) mit Klarsichtfolie auskleiden. Die Schokocreme noch mal durchrühren und eine etwa 1/2 cm dicke Schicht davon in die Form gießen.

3_Orangenmarmelade oder Aprikosenkonfitüre nach Belieben mit Orangenlikör verrühren. Kekse auf einer Seite damit einstreichen. Eine Lage Kekse in die Form legen und mit Schokocreme abdecken. Auf diese Art alles weiter einschichten, bis Kekse und Creme verbraucht sind.

4_Die Schokoterrine gut abdecken und mindestens 6 Stunden in den Kühlschrank stellen, damit alles so richtig gründlich durchziehen kann.

5_Dann die Terrine mit der Folie aus der Form heben, stürzen. Die Folie abziehen und die Terrine in Scheiben schneiden. Dazu schmecken Rotweinzwetschgen (Seite 129) oder Mangosauce (Seite 130).

TIPP
Die Schokoterrine reicht gut für 8 Leute. Aber sie hält sich im Kühlschrank so lang, dass man sie sogar für sich allein machen und 1 Monat lang genießen kann.

Basilikum-Limetten-Sorbet

Schmeckt auch als Zwischen-gang eines Menüs

Zutaten für 4 Personen:
200 g Zucker
4 Bio-Limetten
1 großes Bund Basilikum (etwa 60 g)
1 Eiweiß (Größe M)
Prosecco, Sekt oder Champagner
zum Auffüllen

Zubereitungszeit: 20 Minuten
+ 4 Stunden Tiefkühlen
Kalorien pro Portion: 235 kcal

1_Den Zucker mit 200 ml Wasser in einem Topf erhitzen und 5 Minuten sprudelnd kochen lassen. Rühren unnötig! Zucker-sirup im Topf abkühlen lassen.

2_Die Limetten waschen und die Schale fein abreiben, den Saft auspressen. Das Basilikum waschen und trockenschütteln, die Blättchen mittelgrob hacken. Mit dem Limettensaft mit dem Stabmixer sehr fein pürieren. Das Eiweiß steif schlagen.

3_Zuckersirup, Limettenschale, Eischnee und das Basilikumpüree gut mischen und in eine Schüssel füllen. Für 4 Stunden ins Gefrierfach stellen. In dieser Zeit das Ganze mindestens jede Stunde mit dem Pürierstab kräftig durchschlagen, damit das Sorbet später schön glatt und ge-schmeidig wird.

4_Zum Servieren vom Basilikumsorbet Nocken abstechen und in Sektkelche geben. Mit Prosecco, Sekt oder Cham-pagner auffüllen und gleich servieren.

VARIANTE: Blitz-Sorbet

100 g Zucker mit 100 ml Wasser, unge-süßtem Früchtsaft oder trockenem Weiß-wein 5 Minuten kochen lassen. Abkühlen lassen, dann mit 400 g TK-Himbeeren in der Küchenmaschine oder im Mixer so lange durchmixen, bis die Masse cremig ist. In Gläser füllen, mit Sekt aufgießen und gleich servieren. Das geht auch mit anderen TK-Früchten gut, etwa mit ge-mischten Beeren oder Sauerkirschen.

Bananeneis

Fruchtig und erfrischend

Zutaten für 4 Personen:
1 große Bio-Zitrone
600 g vollreife Bananen (die Schale soll schon braune Flecken haben)
100 g Zucker
400 g Joghurt
150 g Sahne

Zubereitungszeit: 15 Minuten
+ 4 Stunden Tiefkühlen
Kalorien pro Portion: 460 kcal

1_Zitrone heiß waschen und die Schale fein abreiben, den Saft auspressen. Die Bananen schälen und in größere Würfel schneiden.

2_Die Bananen mit Zitronensaft und -schale, Zucker, Joghurt und Sahne in die Küchenmaschine füllen und gründlich durchmixen. Probieren, ob die Mischung süß genug ist. Wenn nicht, einfach noch leicht nachzuckern. Oder, falls sie zu süß sein sollte, noch ein bisschen Zitronensaft untermischen.

3_Bananenpüree in eine Schüssel füllen und im Gefrierfach in etwa 4 Stunden fest werden lassen. In der Zeit immer wieder (so oft man dran denkt) umrühren, damit die Eiskristalle nicht zu groß werden. Oder das Bananenpüree in der Eismaschine zu Eis werden lassen.

4_Vom fertigen Eis Nocken abstechen und in Becher oder Gläser setzen. Der Hit dazu: Schlagsahne. Und die Schokoladensauce von Seite 131 lauwarm über Eis und Sahne gegossen!

VARIANTE: Erdbeereis

500 g Erdbeeren waschen und abtropfen lassen, die Kelchblätter herauslösen. Die Beeren würfeln und mit 400 g Joghurt und 150 g Sahne sowie 100 g Erdbeer- oder Ahornsirup fein mixen. Wie beschrieben tiefkühlen. Dann mit Minzesahne servieren: 200 g Sahne mit 1 EL Zucker steif schlagen, 1 EL ganz fein gehackte Minze untermischen.

Grapefruit-Granita

Fruchtsplitter zum Löffeln

Zutaten für 4 Personen:
150 g brauner Zucker
1 Bio-Limette │ 2 rosa Grapefruits
1 Prise Nelkenpulver

Zubereitungszeit: 20 Minuten
+ 4–5 Stunden Tiefkühlen
Kalorien pro Portion: 185 kcal

1_Den Zucker mit 150 ml Wasser in einem Topf erhitzen und 5 Minuten sprudelnd kochen lassen. Dann den Zuckersirup abkühlen lassen.

2_Limette heiß waschen und die Schale fein abreiben, den Saft auspressen. Den Saft der Grapefruits ebenfalls auspressen (es sollten 225 ml werden). Den Zitrussaft und die Limettenschale mit dem Zuckersirup mischen, mit Nelkenpulver würzen und in eine flache Schale füllen.

3_Die Schale ins Gefrierfach stellen und die Mischung in 4–5 Stunden fest werden lassen. 10 Minuten vor dem Servieren aus dem Eisfach nehmen, kurz stehen lassen.

4_Dann von der Granita mit einem Esslöffel kleine Flocken abschaben. Gleich in Gläser füllen und servieren.

VARIANTE: Orangen-Rosmarin-Granita

150 g weißen Zucker mit 150 ml frisch gepresstem Orangensaft und 1 Rosmarinzweig 5 Minuten kochen lassen. Sirup abkühlen lassen und dann durch ein Sieb gießen. 1 Bio-Orange heiß waschen und die Schale fein abreiben, 1 TL Rosmarinnadeln sehr fein hacken. Beides mit dem Orangensirup und 225 ml frisch gepresstem Orangensaft mischen und wie beschrieben gefrieren lassen. Dann die Granita abschaben und servieren.

VARIANTE: Espresso-Granita

200 g weißen Zucker mit 400 ml starkem Espresso 5 Minuten kochen lassen. 1 EL Kakaopulver und eventuell 2 EL Kakaolikör oder Sambuca (Anislikör) unterrühren. Abkühlen und wie beschrieben gefrieren lassen. Dann abschaben und servieren.

Eisbombe

Am besten am nächsten Tag!

Zutaten für 8–10 Personen:
200 g getrocknete Aprikosen
100 ml trockener Weißwein oder
Apfelsaft | 1 EL Zitronensaft
1 EL Honig | 1/8 l Milch
4 sehr frische Eigelb (Größe M)
70 g Zucker | 400 g Sahne
100 g Mohnback (fertige Mohnmischung
zum Backen aus der Packung)

Zubereitungszeit: 30 Minuten
+ 2 Stunden Quellen
+ 4–5 Stunden Tiefkühlen
Kalorien pro Portion (bei 10 Personen):
275 kcal

1_Aprikosen in kleine Würfel schneiden und mit dem Weißwein oder Apfelsaft, dem Zitronensaft und dem Honig einmal aufkochen. Zugedeckt etwa 2 Stunden ziehen lassen, bis sie schön weich sind.

2_Die Milch erhitzen. Eigelbe mit Zucker in einem Topf cremig schlagen, kräftig weiterrühren und die Milch dazufließen lassen. Alles bei mittlerer Hitze unter Rühren erwärmen, bis eine dickflüssige Creme entsteht. Nicht kochen lassen, sonst flocken die Eigelbe aus. Die Creme in eine Schüssel füllen und abkühlen lassen.

3_Inzwischen die Aprikosen mit der Einweichflüssigkeit fein pürieren. Die Sahne steif schlagen und unter die Eigelbcreme heben, die Creme halbieren. Unter eine Hälfte das Aprikosenpüree mischen, unter die andere die Mohnmischung.

4_Eine hübsche Form suchen: eine kleine Guglhupfform, eine runde Schüssel oder eine längliche Form. In jedem Fall muss sie gut 1 l fassen. Und jetzt die beiden Massen lagenweise einschichten, am besten mit einem feuchten Esslöffel glatt streichen. Oder wie beim Marmorkuchen größere Kleckse nebeneinander setzen und die beiden Massen mit einer Gabel nur leicht durchmischen. Ist alles in der Form, kommt sie für 4–5 Stunden in den Gefrierschrank, bis das Eis fest ist.

5_Dann die Form kurz in heißes Wasser tauchen. Eine Platte umgedreht auflegen, beides zusammen mit Schwung umdrehen und die Eisbombe aus der Form rutschen lassen. Wer mag, dekoriert sie noch mit Sahne. Oder einfach gleich in Scheiben schneiden und servieren.

Orangen-Lavendel-Parfait

Cooler Genuss für viele

Zutaten für 8–10 Personen:
1 Vanilleschote
1 EL Lavendelblüten (frisch
oder getrocknet)
200 ml Milch
5 ganz frische Eigelb (Größe M)
100 g Zucker
1 große Bio-Orange
1 TL Orangenmarmelade
2 EL Orangenlikör (nach Belieben)
300 g Sahne

Zubereitungszeit: 35 Minuten
+ 3–4 Stunden Tiefkühlen
Kalorien pro Portion (bei 10 Personen):
190 kcal

1_Vanilleschote längs aufschlitzen und aufklappen. Das Mark herausschaben und mit der Schote und den Lavendelblüten in einen Topf geben. Milch dazuschütten und alles zusammen warm werden lassen. Auf der abgeschalteten Herdplatte noch etwa 10 Minuten ziehen lassen.

2_Eigelbe und Zucker in einem zweiten Topf schaumig schlagen. Milch nach und nach unter Rühren durch ein Sieb dazufließen lassen. Topf mit der Eigelbcreme auf den Herd stellen und die Creme unter Rühren bei mittlerer Hitze nur so lange warm werden lassen, bis sie fester wird. Nicht kochen, sonst gerinnen die Eigelbe!

3_Creme in eine Schüssel füllen, abkühlen lassen. Dabei immer wieder durchrühren, damit sich keine Haut bildet. Die Orange heiß waschen, die Schale fein abreiben, Saft von 1/2 Orange auspressen. Schale und Saft mit Marmelade und eventuell Likör verrühren. Sahne steif schlagen und mit der Orangenmischung unter die Eigelbcreme rühren. Eismasse in eine eckige Form (gut 1 l Inhalt) füllen und im Gefrierfach in 3–4 Stunden fest werden lassen.

4_Form kurz in heißes Wasser tauchen und das Parfait auf eine Platte stürzen. In Scheiben schneiden und servieren.

TIPP

Dazu passt eine süße Orangensauce: Die übrige Orangenhälfte auspressen und den Saft mit 2 TL Zitronensaft und etwa 1 EL Honig kräftig verrühren.

Double Chocolate Icecream

Doppelt geschokt

Zutaten für 6 Personen:
50 g Vollmilchschokolade
100 g Zartbitterschokolade
250 g Sahne
3 Eigelb (Größe M)
50 g Zucker
2 Eiweiß (Größe M)
1/2 TL Zimtpulver (nach Belieben)

Zubereitungszeit: 25 Minuten
+ 4 Stunden Tiefkühlen
Kalorien pro Portion: 335 kcal

1_Die Vollmilchschokolade und 50 g Zartbitterschokolade in Stücke brechen und mit 50 g Sahne in eine kleine Metallschüssel füllen. In einen Topf mit heißem Wasser stellen und bei mittlerer Hitze erwärmen und schmelzen lassen. Ab und zu umrühren. Schüssel aus dem Wasserbad heben und die Schokolade lauwarm werden lassen.

2_Die Eigelbe mit dem Zucker zu einer schaumigen Creme aufschlagen. Die restliche Schokolade in kleine Stücke schneiden. Die Eiweiße und die übrige Sahne getrennt steif schlagen.

3_Die geschmolzene Schokolade unter die Eigelbcreme rühren. Den Eischnee und die Sahne mit den Schokostückchen und eventuell dem Zimt unterheben. Die Masse in der Schüssel ins Gefrierfach stellen und in ungefähr 4 Stunden fest werden lassen. Dabei jede Stunde einmal ganz gründlich durchrühren, damit die Schokostückchen gut verteilt werden.

VARIANTE: Schokoeis weiß

150 g weiße Schokolade in Stücke brechen und mit 50 g Sahne im Wasserbad schmelzen lassen. 1 Bio-Orange heiß waschen und die Schale fein abreiben. 50 g Amarettini im Plastikbeutel grob zerbröseln. 200 g Sahne steif schlagen und mit 150 g saurer Sahne oder Crème fraîche, der Schokolade, der Orangenschale und den Amarettini mischen. Eventuell noch 1–2 EL Orangenlikör unterrühren. Wie beschrieben gefrieren lassen.

Tiramisu

Der Klassiker aus
Treviso in Venetien

Zutaten für 8–10 Personen:
5 ganz frische Eier (Größe M)
5 EL Zucker
500 g Mascarpone
150 g Löffelbiskuits (je besser die
Biskuits sind, desto feiner wird das
Tiramisu, also selber backen – siehe
rechts – oder beim Bäcker kaufen)
etwa 3/8 l kalter, starker Espresso
Kakaopulver zum Bestäuben

Zubereitungszeit: 30 Minuten
+ 8 Stunden Kühlen
Kalorien pro Portion (bei 10 Personen):
360 kcal

1_Eier trennen. Eiweiße steif schlagen.
Eigelbe und Zucker mit dem Schneebesen
cremig schlagen. Mascarpone löffelweise
dazugeben und gut unterrühren. Zum
Schluss den Eischnee daraufhäufen und
mit dem Schneebesen locker unterheben.

2_Den Boden einer eckigen Form (etwa
1 1/2 l Inhalt) mit Löffelbiskuits auslegen.
So viel Espresso löffelweise darübergeben, wie die Löffelbiskuits aufsaugen.
Eine Schicht Mascarponecreme darauf-
streichen, mit Löffelbiskuits bedecken und
wieder mit Espresso tränken. Alles weiter
so einschichten und zum Schluss mit
Mascarponecreme abschließen.

3_Das Tiramisu mindestens 8 Stunden
in den Kühlschrank stellen. Vor dem Servieren dünn mit Kakao bestäuben.

TIPP
Wer das Tiramisu mal für eine richtig
große Runde machen will, hält sich am
besten an diese Regel: Für 2 Personen
1 Ei (Größe M) und 1 EL Zucker auf 100 g
Mascarpone sowie 30 g Löffelbiskuits und
etwa 70 ml Espresso nehmen.

VARIANTE: Obst-Tiramisu

Die Creme von der Charlotte ohne die Gelatine zubereiten und mit 150 g Löffelbiskuits und 500 g Beeren in die Form einschichten. Statt der Beeren schmecken auch alle anderen Obstsorten, dabei die Früchte klein würfeln und härtere Sorten wie Äpfel kurz weich dünsten.

SELBER BACKEN: Löffelbiskuits

3 Eigelb (Größe M) mit 50 g Zucker gut schaumig schlagen. 3 Eiweiß (Größe M) steif schlagen, dabei 1 Päckchen Vanillezucker einrieseln lassen. Eischnee auf die Schaummasse häufen. 100 g Mehl und 25 g Speisestärke mit 1 TL Backpulver mischen, ebenfalls daraufhäufen. Alles locker, aber gründlich mischen. Das Backblech mit Backpapier belegen. Den Teig in einen Spritzbeutel mit Lochtülle (1 1/2 cm Ø) füllen und als 8 cm lange Stäbe auf das Backblech spritzen, dabei die beiden Enden etwas dicker werden lassen (löffelförmig). Etwa 12 Minuten im 180 Grad heißen Backofen (Umluft 160 Grad) backen. Abkühlen lassen und für das Tiramisu oder für die Charlotte verwenden. Oder einfach so essen.

Beeren-Charlotte

Schon fast eine Torte

Zutaten für 8 Personen:
500 g Himbeeren, Brombeeren oder Erdbeeren
100 g Zucker
2 EL Himbeergeist (nach Belieben)
6 Blatt weiße oder rote Gelatine
250 g Crème fraîche
250 g Sahne
200 g Löffelbiskuits (siehe auch Tiramisu)
Zum Dekorieren:
Schlagsahne, ein paar schöne Himbeeren und Puderzucker

Zubereitungszeit: 1 Stunde
+ 30 Minuten Ruhen
+ 6 Stunden Kühlen
Kalorien pro Portion: 395 kcal

1_Die Himbeeren verlesen, nur falls nötig waschen, und dann mit einer Gabel fein zerdrücken. Das Püree durch ein Sieb streichen und dabei die Kerne entfernen. Die Brombeeren genauso vorbereiten. Die Erdbeeren waschen und die Kelchblätter herauslösen. Erdbeeren würfeln, ebenfalls zerdrücken und durchs Sieb streichen.

2_Den Zucker mit 80 ml Wasser und eventuell dem Himbeergeist 5 Minuten sprudelnd kochen, dann abkühlen lassen und mit dem Beerenpüree mischen.

3_Gelatine in einer Schüssel mit kaltem Wasser bedecken und in 10 Minuten weich werden lassen. Dann die Blätter tropfnass in einen kleinen Topf legen, durchrühren und bei schwacher Hize auflösen. (Nicht zu stark erhitzen, sonst geht die Gelierkraft verloren.)

4_Beerenpüree mit der Crème fraîche verrühren. Gelatine gründlich untermischen und die Creme etwa 30 Minuten stehen lassen. Dann die Sahne steif schlagen und locker unterheben.

5_Den Boden und den Rand einer großen, runden Schüssel mit den Löffelbiskuits auslegen, ein paar Biskuits zum Abdecken aufheben. Die Beerencreme einfüllen, die restlichen Biskuits auflegen und leicht in die Creme drücken, damit sie haften. Die Schüssel für etwa 6 Stunden in den Kühlschrank stellen und die Charlotte fest werden lassen.

6_Dann eine umgedrehte Platte auf die Schüssel legen, Schüssel und Platte gemeinsam umdrehen (gut festhalten!) und die Charlotte auf die Platte gleiten lassen. Vor dem Servieren noch mit wenig Schlagsahne und ein paar besonders schönen Himbeeren verzieren und dünn mit Puderzucker bestäuben.

Espresso-Birnen-Becher

Süßes zum Aufwachen

Zutaten für 4 Personen:
600 g saftige Birnen
1/2 Bio-Zitrone
60 g Zucker
250 g saure Sahne oder Crème fraîche
4 EL Puderzucker
100 g Löffelbiskuits
2 sehr frische Eigelb (Größe M)
80 ml kalter, starker Espresso
Kaffeebohnen mit Schokoüberzug
für die Deko

Zubereitungszeit: 40 Minuten
+ 2 Stunden Kühlen
Kalorien pro Portion: 390 kcal

1_Die Birnen vierteln, schälen und entkernen. Birnen in Würfel schneiden und in
einen Topf geben. Zitrone heiß waschen,
die Schale fein abreiben, Saft auspressen.

2_Den Zucker, die Zitronenschale und
1 EL Zitronensaft mit 2 EL Wasser zu den
Birnen geben und erhitzen. Den Deckel
auflegen und die Birnen bei schwacher
Hitze etwa 10 Minuten garen, bis sie

schön weich sind und fast zerfallen. Ein
wenig abkühlen lassen, dann mit der
Flüssigkeit, die sich im Topf gesammelt
hat, pürieren oder mit dem Kartoffelstampfer fein zerdrücken.

3_Saure Sahne oder Crème fraîche mit
1 1/2 EL Puderzucker und 1 EL Zitronensaft mit dem Schneebesen cremig aufschlagen. Löffelbiskuits in Stücke brechen.

4_Löffelbiskuits, Birnenmus und Sahnecreme lagenweise in Gläser oder Becher
schichten. Für etwa 2 Stunden in den
Kühlschrank stellen, durchziehen lassen.

5_Dann für die Espresso-Creme die
Eigelbe mit übrigem Puderzucker und
Espresso in einer Metallschüssel gut verrühren. In einen Topf mit heißem (nicht
kochendem!) Wasser stellen und die
Creme darin mit dem Schneebesen dick-
schaumig schlagen.

6_Ein kaltes Wasserbad vorbereiten: in
eine große Schüssel kaltes Wasser und
Eiswürfel füllen. Die Schüssel mit der
Creme da hineinstellen. Die Creme noch
so lange weiterrühren, bis sie abgekühlt
ist. Über das Birnendessert gießen. Die
Becher mit den Kaffeebohnen verzieren.

Gooseberry fool exklusiv

Britische Versuchung

Zutaten für 4 Personen:
500 g Stachelbeeren
1 Vanilleschote
100 g Zucker
1/8 l trockener Weißwein
250 g Double cream (gibt's im Kühl-
regal größerer Kaufhäuser, ersatzweise
Crème fraîche nehmen)
1 Päckchen Vanillezucker
2 EL Butter
3 EL feine Haferflocken

Zubereitungszeit: 35 Minuten
(ohne Abkühlen)
Kalorien pro Portion: 495 kcal

1_Stachelbeeren waschen, Stiel- und
Blütenansätze abknipsen. Die Vanilleschote der Länge nach aufschlitzen und
aufklappen. Das Mark mit dem Messerrücken herausschaben, die Vanilleschote
einmal quer durchschneiden.

2_Im Topf 80 g Zucker mit dem Weißwein,
Vanillemark und -schote mischen und den
Sud aufkochen lassen.

3_Stachelbeeren unter den Sud mischen und zugedeckt bei mittlerer Hitze etwa 10 Minuten kochen lassen, bis sie schön weich sind.

4_Die Beeren in ein Sieb schütten, Saft auffangen. Den Saft wieder in den Topf gießen und bei starker Hitze offen in etwa 5 Minuten auf etwa die Hälfte einkochen lassen. Der Saft soll ziemlich dickflüssig werden. Saft und Beeren abkühlen lassen.

5_Dann die Double cream mit Vanillezucker verrühren. Den Saft wieder mit den Beeren mischen. Beeren samt Saft und die Cream lagenweise in Schälchen oder Gläser füllen.

6_Die Butter in einer Pfanne zerlaufen lassen. Restlichen Zucker dazugeben und bei mittlerer Hitze unter Rühren flüssig und leicht braun werden lassen. Haferflocken untermischen und 1–2 Minuten braten, bis sie schön knusprig sind. Dann lauwarm werden oder ganz abkühlen lassen und vor dem Servieren auf das Dessert streuen.

Vanillewürfel mit Sauce

Was ganz Festliches

Zutaten für 6 Personen:
4 Blatt weiße Gelatine
2 Vanilleschoten
200 g Doppelrahm-Frischkäse
2 1/2 EL Zitronensaft
70 g Zucker
2 Eiweiß (Größe M)
200 g Sahne
50 g Butterkekse
50 g Zartbitterschokolade
1 EL Butter
1 Prise Salz
5 Passionsfrüchte (Maracuja)
1 EL Ahornsirup

Zubereitungszeit: 40 Minuten
+ 5–6 Stunden Kühlen
Kalorien pro Portion: 405 kcal

1_Für die Vanillewürfel Gelatine in einer Schüssel mit kaltem Wasser bedecken und 10 Minuten einweichen. Die Vanilleschoten der Länge nach aufschlitzen und aufklappen. Das Mark mit dem Messerrücken herausschaben.

2_Den Frischkäse mit Vanillemark, 2 EL Zitronensaft und Zucker gründlich verrühren. Gelatine tropfnass in einen Topf geben und bei schwacher Hitze schmelzen, aber nicht zu heiß werden lassen. Unter die Käsecreme rühren. Eiweiße und Sahne getrennt steif schlagen und unterheben.

3_Kekse in einen Beutel füllen und mit dem Nudelholz darüberrollen, bis sie sehr fein zerbröselt sind. Schokolade in Stücke brechen und samt Butter in einer kleinen Metallschüssel im heißen Wasserbad schmelzen lassen. Leicht salzen, die Keksbrösel untermischen. Eine eckige Form (etwa 20 x 20 cm) mit Backpapier auslegen. Die Keksmischung etwa 1/2 cm hoch einfüllen, verstreichen und kalt und fest werden lassen.

4_Die Vanillecreme auf dem Keksboden verstreichen. Alles in 5–6 Stunden im Kühlschrank richtig gut fest werden lassen.

5_Für die Sauce die Passionsfrüchte halbieren. Das Fruchtfleisch aus den Schalen löffeln und mit dem Sirup und übrigem Zitronensaft verrühren. Vanillecreme samt Bröselboden mit dem Papier aus der Form heben und in Würfel schneiden. Auf Teller setzen, die Sauce danebenlöffeln.

im Bild: Fürst-Pückler-Sandwich

Basic:

Superleicht, supersüß, superknusprig – solo ist Baiser einfach zu viel für diese Welt. Eis oder Sahne geben ihm die Erdung – und alles wird himmlisch.

Mehr als Eiweiß und Zucker stecken nicht in der Baisermasse, die auch Meringue-masse heißt. Damit diese steif und stabil wird, ist wichtig, dass das Eiweiß frisch und gut gekühlt ist und dass kein bisschen Fett an es kommt. Daher die Eier immer einzeln trennen, sodass kein Eigelb in die Masse geraten kann, und alle Werkzeuge vor dem Schlagen gründlich säubern. Der Zucker sollte fein sein, Puderzucker wird vor dem Zugeben gesiebt.

Das Eiweiß wird in einer großen Schüssel langsam unterhalb der mittleren Stufe angeschlagen, bis es weiß-schaumig ist. Dann stellt man das Tempo auf mittlere Stufe, bis der Eischnee cremig und fast fest ist. Dabei esslöffelweise den Zucker einstreuen und jeweils weiterschlagen, bis er sich gelöst hat. Wenn die Masse steife Spitzen hat, aber noch nicht glänzt, wird kurz und kräftig auf Höchststufe ge-schlagen, um dem Schaum Luft zu geben.

Baisers werden bei Temperaturen zwi-schen 60 und 100 Grad (da bräunen sie leicht) über Stunden mehr getrocknet als gebacken. Anschließend lässt man sie noch 1–2 Tage außerhalb vom Ofen ganz trocknen und packt sie dann in luftdichte Boxen, wo sie mehrere Wochen halten.

Baiser

Fürst-Pückler-Sandwich

Baiserschnitten mit Eis gefüllt

Zutaten für 4 Stück:
4 Eiweiß (Größe M)
1 Spritzer Zitronensaft
250 g Puderzucker
150 g Zartbitterkuvertüre
500 g Fürst-Pückler-Eis (im Block)

Zubereitungszeit: 30 Minuten
+ 5 Stunden Garen
+ über Nacht Trocknen
Kalorien pro Stück: 465 kcal

1_Die Eiweiße mit Zitronensaft in einer sauberen Schüssel mit den Quirlen des Handrührgeräts langsam bei kleiner Stufe zum cremigen Schnee schlagen. Nun auf mittlere Stufe stellen, 1 EL Puderzucker dazugeben und den Eischnee immer weiterschlagen, bis er den Zucker gut aufgenommen hat. Dies so lange wiederholen, bis der ganze Puderzucker verarbeitet ist (das dauert etwa 15 Minuten). Nun alles noch mal kurz kräftig schlagen.

2_Den Backofen auf 80 Grad vorheizen (keine Umluft!). Zwei Backbleche mit Backpapier belegen. Den Eischnee in einen Spritzbeutel mit Lochtülle füllen und 8 Quadrate in der Größe eines Sandwichtoasts aufspritzen.

3_Beide Bleche in den Ofen schieben, die Türe einen Spaltbreit offen lassen (einen Kochlöffel einklemmen). Die

Baisers darin 5 Stunden mehr trocknen als backen lassen, sodass sie fest werden und höchstens ganz leicht bräunen.

4_Dann Baisers aus dem Ofen nehmen, vorsichtig vom Papier lösen und auf einem Kuchengitter über Nacht trocknen lassen.

5_Am nächsten Tag die Kuvertüre fein hacken, im Wasserbad schmelzen lassen und in ein Spritztütchen (siehe Seite 20) füllen. Spitze des Tütchens abschneiden und die Kuvertüre in feinen Linien über den Baiserschnitten verteilen, antrocknen lassen. Das Eis 5 Minuten antauen lassen, in Scheiben schneiden und auf 4 Baiserschnitten verteilen. Mit den restlichen Baiserschnitten bedecken und servieren.

Baked Alaska

Eis unter Schnee aus dem Ofen

Zutaten für 8 Personen:
3 Eiweiß (Größe M) | 1 Spritzer Zitronensaft | 100 g feinster Zucker
1 Lage Wiener Boden (26 cm Ø, aus dem Backwarenregal)
1 kg Eis nach Geschmack (im Block)

Zubereitungszeit: 40 Minuten
Kalorien pro Portion: 270 kcal

1_Die Eiweiße mit Zitronensaft in einer sauberen Schüssel mit den Quirlen des Handrührgeräts langsam bei kleiner Stufe

zum cremigen Schnee schlagen. Nun auf die mittlere Stufe stellen und esslöffelweise den Zucker zugeben, dabei immer weiterschlagen, bis der Zucker gut aufgenommen ist. Nach etwa 15 Minuten ist der Schnee fertig und wird noch mal kurz kräftig geschlagen.

2_Backofen auf 250 Grad vorheizen (auch schon jetzt einschalten: Umluft 220 Grad). Aus dem Wiener Boden eine Platte in der Größe des Eisblocks schneiden (den restlichen Biskuit einfach für etwas anderes verwenden). Die Baisermasse in einen Spritzbeutel mit Sterntülle füllen.

3_Biskuitplatte auf ein mit Backpapier belegtes Backblech setzen und das Eis daraufgeben. Alles rundum so mit der Baisermasse überziehen (nach Gusto mit Streifen, Tupfen, Bögen und mehr), dass Eis und Biskuit völlig bedeckt sind.

4_Das Backblech in den Ofen (Mitte) schieben und das umhüllte Eis etwa 5 Minuten backen, bis der Baiser leicht gebräunt ist. Aus dem Ofen holen, mit dem Papier auf eine Servierplatte ziehen und das Papier dann unter dem Baked Alaska wegziehen. Jetzt nur noch schnell zu Tisch damit und unter großem Hallo in Scheiben schneiden.

TIPP
»Baked Alaska« ist ein Dessertklassiker aus den 70er-Jahren des vorigen Jahrhunderts, der – na klar – in den USA erfunden wurde.

Süßes zum Sattessen

Es muss nicht immer ein Nachtisch sein, wenn es ums Süße geht. Denn Österreich hat die Welt nicht nur um Mehlspeisen bereichert, sondern zudem gleich noch die Sitte erfunden, sich eine süße Hauptmahlzeit zu gönnen – wir sagen bloß Kaiserschmarrn, Germknödel, Millirahmstrudel. Aber auch der Rest der Welt isst sich gerne an Süßem satt – Apricot crumble oder ein Safran-Couscous mit Obst beweisen es in diesem Kapitel.

Sweets Of The Times

Waffeln

Waffeln? Waren die überhaupt jemals ein Trend-Dessert, also eines dieser »Sweets Of The Times«, die jeweils für eine bestimmte kulinarische Periode im Lauf der Welt stehen, so wie es nur Desserts können? Nö, das waren Waffeln nie. Dafür stehen sie in unserer ganz privaten Welt für mindestens eine Dekade – für unsere erste.

Waffeln bestellt man nicht im Restaurant und kauft sie höchstens aus Verzweiflung im Geschäft, um sie vergeblich im Toaster zum Leben erwecken zu wollen. Das gelingt aber nur, wenn man sich selbst an die Rührmaschine stellt und einen fetten Teig zubereitet wie damals, als »Diät« oder »light« noch Fremdworte waren und wir Kinder.

Kinder, die den Finger in die Schüssel steckten und abschleckten, die kicherten, wenn die erste Waffel krumm im Eisen kleben blieb und der letzte große Schöpfer voll Teig den Deckel nach oben trieb, an dem dauernd das Licht an- oder ausklickte. Kinder, die zum ersten Mal selbst etwas gerührt und gebacken hatten und zur Belohnung so viel Puderzucker, Schlagsahne und Kirschkompott nehmen durften, wie sie wollten – mit den Händen. Waffeln halt. Die wir uns machen, wenn wir wieder Kind sein wollen. Oder weil wir selbst welche haben.

Wer **_Kaiserschmarrn*_** mag ...

... könnte auch das mögen:

Pinienkern-Orangen-Cantuccini (Seite 40)
Cassata-Taschen (Seite 71)
Mohr im Hemd (Seite 79)
Englische Apfelbutter (Seite 137)

(*Seite 102)

... unterheben

Meistens in Verbindung mit Worten wie »behutsam«, »vorsichtig«, »sanft«, »sachte« oder ganz neu: »achtsam«. Das klingt schön, aber auch etwas schwierig. Gerne gesagt wird es, wenn Eischnee unter eine Masse, naja, eben »gehoben« wird, wie beim Soufflé. Das geschieht mit dem Teigspatel oder Kochlöffel, der einen Teil des Schnees einrührt, um den Teig geschmeidiger zu machen. Der Rest wird dann mit möglichst wenigen Bewegungen bis hinunter zum Boden geholt und wieder nach oben gehoben, bis sich alles recht glatt verbunden hat, ohne dass die ganze Luft raus ist. Wird dies bei weicheren Massen oder Cremes mit dem Schneebesen gemacht, sagt der Profi »unterziehen«. Schlagsahne wird meistens untergezogen statt -gehoben.

Süße Typen

Der Herr Palatschinken

Wie ein Stapel Butterwaffeln mit Tannenhonig ruht der Herr Palatschinken ganz in sich, wenn er im ofenwarmen Kaffeehaus bei einer Tasse Großem Braunen am Fenster sitzt ...

... und versonnen über den Zeitungsrand den Damen hinterherschaut, ohne ihnen dabei zu nahe treten zu wollen. Lieber bleibt er noch ein wenig sitzen und fragt den Herrn Kellner, was es denn so Süßes gäbe. »Butterwaffeln mit Tannenhonig«. Ah, das klinge ja gut, was wäre das denn dann? »Waffeln mit Butter und einem Honig von der Tanne.« Ach nein, das dann doch nicht, was wäre denn sonst noch da? »Palatschinken mit Marillenmarmalad', der Herr.« Ja, das sei doch was, das nehme er. »Sehr gerne, einmal wie immer.«

Ja, genau, wie immer. Spricht's und nimmt noch einen Schluck vom Großen Braunen, der auch wie immer schmeckt und damit so gut wie nirgendwo anders. Wobei, wenn er's recht überlegt, er war eigentlich auch noch nie nirgendwo anders. Und möcht' es eigentlich auch nie sein. Schon süß, dieses Leben.

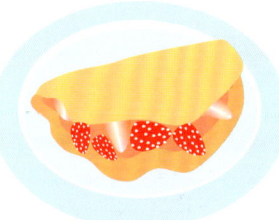

Zum schönen Schluss: ZUCKER

Wem der Schmarrn in der Pfanne oder der Strudel im Ofen zu dunkel geworden ist, der dankt den süßen Küchengöttern für die Schöpfung des Puderzuckers, der alles noch zum schönen Schluss bringt. Natürlich veredelt der feinstgemahlene Zucker auch gelungene Desserts und Mehlspeisen – vor allem wenn sie selbst nicht süß sind wie etwa Germknödel. Verbindet er sich noch mit brauner Butter, löst schon der Anblick Lustgefühle aus.

Aber auch groberer Zucker ist etwas Schönes, zum Beispiel auf Pfannkuchen gestreut oder als Basis, um gebratene Grießschnitten darin zu wenden. Wird er zusammen mit süßen Kräutern wie Minze, Melisse oder auch Basilikum gemörsert, gibt das beim Drüberstreuen optische wie aromatische Knalleffekte; ebenso können ganze Gewürze in den Mörser kommen oder gemahlen direkt mit dem Zucker vermischt werden. Und ist der Schmarrn goldbraun statt tiefschwarz, darf zum Schluss noch etwas Hagelzucker mitgebraten werden.

Kaiser-schmarrn

Locker, luftig, knusprig

Zutaten für 4 Personen:
6 Eier (Größe M)
1 Prise Salz
1/4 l Milch
5 EL Puderzucker +
Puderzucker zum Bestäuben
250 g Mehl
3 EL Butter

Zubereitungszeit: 30 Minuten
Kalorien pro Portion: 485 kcal

1_Die Eier trennen, also nacheinander aufschlagen und das Eiweiß in eine Schüssel fließen lassen. Das Eigelb in eine andere Schüssel geben. Mit den Quirlen des Handrührgeräts erst einmal die Eiweiße mit dem Salz steif schlagen und in den Kühlschrank stellen.

2_Dann die Eigelbe mit Milch, 3 EL Puderzucker und dem Mehl mit den Quirlen so lange verrühren, bis der Teig schön glatt ist. Den Eischnee auf den Teig häufen und mit dem Schneebesen vorsichtig, aber gründlich unter den Teig ziehen.

3_Gebacken wird der Teig jetzt in zwei Portionen. In einer großen (am besten beschichteten) Pfanne 1 EL Butter zerlaufen lassen. Die Hälfte des Teigs einfüllen und bei mittlerer Hitze ungefähr 5 Minuten backen, bis die Unterseite fest und goldbraun ist.

4_Einen Teller, der ein bisschen kleiner ist als die Pfanne, umgedreht auf den Teig legen. Teller und Pfanne zusammen umdrehen und den Teig so auf den Teller stürzen. Den Teig mit dem Teigspatel wieder in die Pfanne schieben (dass dabei ein bisschen Teig auf dem Teller kleben bleibt, macht nichts) und noch einmal 2–3 Minuten backen.

5_Dann Pfannkuchen in mundgerechte Stücke teilen und 1/2 EL Butterflöckchen mit 1 EL Puderzucker untermischen. Die Pfannkuchenstücke unter Wenden noch einmal ungefähr 3 Minuten backen, bis sie schön knusprig werden. Den Kaiserschmarrn auf eine vorgewärmte Platte füllen und im Backofen bei 70 Grad (Umluft 50 Grad) warm halten. Die zweite Teigportion ebenso backen.

6_Wenn der Kaiserschmarrn fertig ist, eine dünne Schicht Puderzucker darüberstäuben. Den Schmarrn warm servieren.

VARIANTE: Apfel- oder Birnenschmarrn

500 g Äpfel oder Birnen vierteln, schälen und entkernen. Die Fruchtviertel quer in dünne Scheiben schneiden. 2 EL Butter mit 2 EL Zucker in einer Pfanne zerlaufen lassen. Obstscheiben darin bei mittlerer Hitze unter Rühren etwa 5 Min. braten, mit 1/4 TL fein abgeriebener Bio-Zitronenschale oder Zimtpulver würzen. Schmarrn wie beschrieben backen, wenden und in Stücke schneiden. Mit der Butter und dem Puderzucker die Fruchtscheiben untermischen und mitbraten.

TIPPs

Zum Kaiserschmarrn passt Apfelmus oder Zwetschgenkompott.

Echte Rosinenfans weichen 50 g von den getrockneten Beeren in 2 EL Rum oder Apfelsaft ein und mischen sie vor dem Backen unter den Schmarrnteig. Oder sie streuen die Rosinen vor dem Wenden auf die ungebackene Seite des Pfannkuchen.

Apfel-Thymian-Pfannkuchen

Fruchtig und saftig

Zutaten für 4 Personen:
1/2 Bio-Zitrone
4 Eier (Größe M)
1/2 TL Salz
300 g Mehl
1/2 l Milch
4 Äpfel
4 Zweige Thymian
50 g Butterschmalz
4 EL Zucker
1/2 TL Zimtpulver

Zubereitungszeit: 1 Stunde
Kalorien pro Portion: 625 kcal

1_Die Zitrone heiß waschen, die Schale fein abreiben. Eier trennen. Die Eiweiße mit dem Salz steif schlagen und in den Kühlschrank stellen.

2_Die Eigelbe mit dem Mehl, der Milch und der Zitronenschale verrühren, bis der Teig schön glatt ist. Den Eischnee daraufhäufen und mit dem Schneebesen locker, aber gründlich unter den Teig ziehen.

3_Die Äpfel vierteln, schälen und entkernen. Äpfel in ungefähr 1/2 cm dicke Scheiben schneiden. Thymian waschen, trockenschütteln, Blättchen abstreifen und mit den Äpfeln mischen.

4_Auf der Herdplatte eine Pfanne warm werden lassen. 1 TL Butterschmalz darin schmelzen lassen. 1 1/2 Schöpfkellen Teig in die Pfanne gießen und die Pfanne nach allen Seiten drehen, damit sich der Teig gut verteilt. Etwa 1/2 Apfel auf dem Teig verteilen, mit gut 1/2 EL Zucker und wenig Zimt bestreuen und den Teig bei mittlerer Hitze etwa 2 Min. backen.

5_Dann den Pfannkuchen auf einen Teller gleiten lassen, umgedreht in die Pfanne stürzen. Noch mal 1–2 Min. backen, bis die Unterseite schön braun und die Äpfel karamellisiert sind. Den Pfannkuchen zusammenklappen und aufessen oder im Backofen bei 70 Grad (Umluft 50 Grad) warm halten, bis alle Pfannkuchen fertig sind (es werden 8 Stück). Die anderen Pfannkuchen wie beschrieben backen.

VARIANTE: Pancakes

Einen Teig aus 200 g Mehl, 2 TL Backpulver, 1 Prise Salz, 2 EL flüssiger Butter, 150 g Buttermilch oder flüssigem Joghurt, 2 Eiern (Größe M) und 2 EL Ahornsirup rühren. 15 Minuten stehen lassen, dann in einer beschichteten Pfanne in wenig Butter bei mittlerer Hitze zu kleinen Pfannkuchen backen, pro Seite 2–3 Minuten. Am besten mit Ahornsirup beträufelt zu Apfelmus (Seite 128) servieren.

Grießschnitten mit Birnen-Apfel-Kompott

Für Kinder nach dem Grießbreialter!

Zutaten für 4 Personen:
Für die Grießschnitten:
1 l Milch │ 1 Prise Salz
4 EL Butter │ 60 g Zucker
250 g Hartweizengrieß
2 Eier (Größe S)
Für das Kompott:
500 g Äpfel │ 500 g Birnen
1 Bio-Zitrone
2 EL brauner Zucker
50 ml Cidre oder naturtrüber Apfelsaft
50 g Honig
1 Prise Nelkenpulver

Zubereitungszeit: 1 Stunde
Kalorien pro Portion: 725 kcal

1_Die Milch mit Salz und 1 EL Butter in einem hohen Topf erhitzen. Zucker und Grieß einrieseln lassen, Hitze ganz klein stellen und Deckel auflegen. Den Grieß 10 Minuten quellen lassen.

2_Den Grießbrei in eine Schüssel umfüllen und 5 Minuten abkühlen lassen, dann die Eier unterrühren. Den Brei in eine kleine Kastenform füllen, kalt werden lassen.

3_Inzwischen Äpfel und Birnen vierteln, schälen und vom Kerngehäuse befreien, dann in Schnitze schneiden. Zitrone heiß waschen und die Schale fein abreiben, den Saft einer Hälfte auspressen.

4_Braunen Zucker in einen Topf häufen und bei mittlerer Hitze schmelzen lassen, Äpfel und Birnen unterrühren. Zitronenschale und -saft, Cidre oder Apfelsaft und den Honig untermischen. Die Früchte bei schwacher Hitze in etwa 10 Minuten zugedeckt weich kochen, aber nicht zerfallen lassen. Mit Nelkenpulver und vielleicht etwas Honig abschmecken.

5_Grießbrei aus der Form auf ein Brett stürzen und in etwa 1 cm dicke Scheiben schneiden. Große Scheiben noch einmal halbieren. Übrige Butter in einer großen Pfanne zerlaufen lassen. Grießschnitten darin portionsweise bei mittlerer Hitze pro Seite in 2–3 Minuten goldbraun und knusprig braten. Die fertigen Schnitten im Backofen bei 70 Grad (Umluft 50 Grad) warm halten. Mit dem Kompott servieren.

Topfen-Palatschinken

Nicht vergessen: die Topfenschüssel ausschlecken!

Zutaten für 4 Personen:
110 g weiche Butter
100 g Mehl
200 ml Milch
5 Eier (Größe M)
2 Päckchen Vanillezucker
1 Prise Salz
1 Bio-Zitrone
50 g gemahlene Haselnüsse
250 g Topfen oder Schichtkäse
50 g Zucker
150 g saure Sahne oder Crème fraîche
Puderzucker zum Bestäuben

Zubereitungszeit: 50 Minuten
+ 25 Minuten Backen
Kalorien pro Portion: 730 kcal

1_Für den Teig 50 g Butter in einem Töpfchen zerlaufen lassen. Mehl in eine Schüssel sieben. Nach und nach die Milch, 2 Eier und die geschmolzene Butter mit 1 Päckchen Vanillezucker und dem Salz unterrühren. Teig etwa 30 Minuten stehen lassen.

2_Inzwischen für die Füllung die Zitrone heiß waschen, Schale fein abreiben. Nüsse in einer Pfanne bei mittlerer Hitze rösten, bis sie fein duften, und abkühlen lassen. 30 g Butter cremig rühren, 2 Eier und den Topfen oder Schichtkäse mit dem Zucker untermischen, Zitronenschale und Nüsse dazugeben und alles gut verrühren.

3_Den Backofen auf 200 Grad vorheizen (erst später einschalten: Umluft 180 Grad). Eine Pfanne erhitzen und etwas von der restlichen Butter darin schmelzen lassen. Eine Schöpfkelle Teig einfüllen und die Pfanne hin und her drehen, bis der Teig den Pfannenboden ausfüllt. Etwa 1 Minute bei mittlerer Hitze backen, umdrehen und noch mal 1/2 Minute backen. Herausnehmen und abkühlen lassen. Aus dem Teig weitere 7 Pfannkuchen backen.

4_Die Füllung auf den Pfannkuchen verstreichen, aufwickeln und jedes Röllchen schräg in vier Stücke schneiden, leicht überlappend nebeneinander in eine feuerfeste Form legen. Restliches Ei mit saurer Sahne oder Crème fraîche und übrigem Vanillezucker verrühren, darübergießen. Palatschinken etwa 25 Minuten im Ofen (Mitte) backen. Vorm Servieren mit Puderzucker bestäuben. Dazu passt Kompott.

Quarknockerl mit Pesto aus Zwetschgen

Schön locker, schön fruchtig

Zutaten für 4 Personen:
Für die Nockerl:
1 Bio-Orange │ 75 g gemahlener Mohn (gibt's nur in manchen Bio-Läden, Alternative: fertige, gesüßte Mohnmischung aus der Tüte, bei den Backwaren)
100 g Zucker │ 100 g Hartweizengrieß
750 g Topfen oder Magerquark
4 Eier (Größe M) │ 1/4 l Milch
30 g Butter │ 1 Prise Salz
Für das Pesto:
je 1 Bio-Orange und Bio-Zitrone
50 g getrocknete Pflaumen
200 g frische Zwetschgen
50 g Kürbiskerne
2 EL Ahornsirup oder Honig

Zubereitungszeit: 40 Minuten
+ 35 Minuten Backen
Kalorien pro Portion: 675 kcal

1_Für die Nockerl die Orange heiß waschen und die Schale fein abreiben, den Saft auspressen. Beides mit dem

Mohn und 2 EL Zucker in einem Topf einmal aufkochen lassen, vom Herd ziehen und zugedeckt 10 Minuten quellen lassen.

2_Den Backofen auf 180 Grad vorheizen (erst später einschalten: Umluft 160 Grad). Mohn mit Grieß, Topfen oder Magerquark und übrigem Zucker mischen. Die Eier trennen, Eigelbe unterrühren. Eiweiße steif schlagen und mit dem Schneebesen unterziehen. Milch mit Butter und Salz aufkochen und in eine sehr große, feuerfeste Form oder in die Fettpfanne des Backofens gießen. Von der Quarkmasse mit zwei Esslöffeln Nocken abstechen und nebeneinander in die Milch setzen. Im Ofen (Mitte) etwa 35 Minuten backen, bis die Nocken schön braun sind und sie die Milch aufgesogen haben.

3_Für das Pesto Orange und Zitrone heiß waschen, die Schalen fein abreiben und den Saft auspressen. Die getrockneten Pflaumen würfeln und mit dem Saft einmal aufkochen. Die frischen Zwetschgen waschen, halbieren und entsteinen. Frische und getrocknete Früchte mit den Kürbiskernen und dem Ahornsirup oder Honig fein pürieren, mit der Zitrusschale abschmecken. Zu den Nockerln essen.

Reisauflauf mit Obst und Schokolade

Wird kalt zum Dessert

Zutaten für 4 Personen:
200 g Milchreis
850 ml Milch
1 Prise Salz
125 g Zucker
1 kräftige Prise frisch geriebene Muskatnuss
600 g Zwetschgen, Aprikosen oder Pfirsiche
100 g Zartbitterschokolade
4 Eier (Größe M)
50 g grob gehackte Nusskerne (Haselnüsse, Walnüsse und Mandeln schmecken fein)
50 g Butter

Zubereitungszeit: 35 Minuten
+ 35 Minuten Backen
Kalorien pro Portion: 890 kcal

1_Den Reis in ein Sieb schütten und gründlich kalt abbrausen, dann in einen hohen Topf füllen. Die Milch mit Salz und der Hälfte des Zuckers unterrühren und aufkochen. Hitze ganz klein stellen, den Deckel auflegen und den Reis in ungefähr 15 Minuten ausquellen lassen. Dann den Deckel abnehmen und den Reis lauwarm werden lassen. Muskat unterrühren.

2_Den Backofen auf 180 Grad vorheizen (erst später einschalten: Umluft 160 Grad). Früchte waschen, halbieren, entsteinen und würfeln. Die Schokolade grob hacken, die Eier trennen.

3_Den Reis in eine Schüssel umfüllen, die Eigelbe, Obst und Schokolade unterrühren. Die Eiweiße steif schlagen, dabei nach und nach den restlichen Zucker einrieseln lassen. Ein paar Löffel davon unter den Reis rühren (das macht ihn geschmeidiger), dann den Rest daraufhäufen und mit dem Schneebesen unterziehen.

4_Reismischung in eine feuerfeste Form füllen. Nüsse mit der Butter verkneten, in Stücke schneiden und auf dem Auflauf verteilen. Den Auflauf im Ofen (Mitte) etwa 35 Minuten backen, bis die Oberfläche schön braun ist. Nur kurz stehen lassen, dann schmecken lassen!

Baguetteauflauf mit Ricotta und Aprikosen

Heißt mit Brötchen Scheiterhaufen

Zutaten für 4 Personen:
250 g altbackenes Baguette (Brötchen, Kuchenreste oder Croissants kann man auch sehr gut nehmen)
1/2 l Milch
600 g Aprikosen (frische sind besser, aber Dosenaprikosen gehen zur Not genauso)
1 Bio-Zitrone
3 Eier (Größe M)
250 g Ricotta
100 g Zucker
3 EL Butter
100 g Amarettini (ersatzweise andere Makronen)

Zubereitungszeit: 30 Minuten
+ 40 Minuten Backen
Kalorien pro Portion: 700 kcal

1_Baguette in dünne Scheiben schneiden und in einer Schüssel mit Milch begießen. Stehen lassen, bis der Rest vorbereitet ist.

2_Den Backofen auf 180 Grad vorheizen (erst später einschalten: Umluft 160 Grad). Die Aprikosen waschen und aufschneiden. Steine herauslösen, Aprikosen in Streifen schneiden. Die Zitrone heiß waschen und die Schale fein abreiben.

3_Eier trennen. Eigelbe, Zitronenschale, Ricotta und Zucker in eine Schüssel füllen und mit den Quirlen des Handrührgeräts gut durchmixen. Das Baguette abtropfen lassen, ablaufende Milch auffangen und unter die Ricottacreme rühren. Eiweiße steif schlagen, auf die Creme häufen und mit dem Schneebesen unterziehen.

4_Eine feuerfeste Form leicht buttern. Baguette, Ricottacreme und Aprikosen Lage für Lage in die Form schichten. Am besten so: mit Brot anfangen und mit Aprikosen aufhören.

5_Amarettini in einen Gefrierbeutel füllen und auf die Arbeitsfläche legen. Mit dem Nudelholz darüberrollen, bis sie fein zerbröseln. Restliche Butter in kleine Würfel schneiden, mit den Amarettini mischen und löffelweise auf dem Auflauf verteilen. Im Ofen (Mitte) etwa 40 Minuten backen, bis der Auflauf schön braun ist.

Biskuitomeletts mit Obst

Unbedingt ganz frisch essen!

Zutaten für 4 Personen:
500 g Erdbeeren und Himbeeren (nach Gusto gemischt)
3–4 Stängel Minze oder Basilikum
100 g Zucker
4 Eier (Größe M)
60 g Mehl
30 g Speisestärke
1/4 TL Backpulver

Zubereitungszeit: 30 Minuten
Kalorien pro Portion: 290 kcal

1_Erdbeeren kurz kalt abbrausen und die Kelchblätter mit der Messerspitze rausschneiden, die Beeren in kleine Würfel schneiden. Von den Himbeeren nur die welken Früchte aussortieren. Kräuter waschen, trockenschütteln und die Blättchen fein hacken. Mit 2 EL Zucker unter die Früchte mischen.

2_Backofen auf 210 Grad vorheizen (auch schon jetzt einschalten: Umluft 190 Grad). Ein Backblech mit Backpapier auslegen.

3_Die Eier trennen. Die Eiweiße gut steif schlagen, dabei zwischendurch übrigen Zucker einrieseln lassen. Nach und nach die Eigelbe nur so lange unterrühren, bis keine Eigelbspuren mehr im Eischnee zu sehen sind. Mehl, Speisestärke und Backpulver mischen und aufstreuen. Mit dem Schneebesen locker durch die Zutaten ziehen, bis sie sich verbunden haben, aber noch luftig aussehen.

4_Den Teig in vier runden Kreisen etwa 1 cm dick auf das Backblech streichen. Im Ofen (Mitte) etwa 10 Minuten backen.

5_Die Biskuitomeletts vom Blech lösen und auf vorgewärmte Teller (die letzten 2 Minuten mit in den Ofen stellen) geben. Mit Obst belegen, eventuell zusammenklappen und servieren.

TIPP
Dazu schmeckt Schlagsahne oder Vanillesauce (Seite 132).

Millirahmstrudel

Saftiger geht's kaum

Zutaten für 4–6 Personen:
Für den Teig:
200 g Mehl | 1 Prise Salz
3 EL Öl | 1 Eigelb (Größe M)
Für die Füllung:
1 große Bio-Zitrone
75 g weiche Butter
100 g Zucker | 3 Eier (Größe M)
300 g Magerquark oder Topfen
200 g saure Sahne
Für den Guss:
150 ml Milch | 50 g Sahne
1 Päckchen Vanillezucker
1 Ei (Größe M)
Außerdem:
60 g Butter

Zubereitungszeit: 1 Stunde
+ 55 Minuten Backen
Kalorien pro Portion (bei 6 Personen):
580 kcal

1_Für den Teig das Mehl in eine Schüssel füllen, salzen. Öl und Eigelb dazugeben, dann nach und nach um die 90 ml lauwarmes Wasser dazugießen und alles erst einmal grob mischen. Dann auf die bemehlte Arbeitsplatte häufen und kräftig durchkneten. Es kann sein, dass der Teig am Anfang noch trocken wirkt, aber trotzdem nicht gleich mehr Wasser dazugeben, damit er am Ende nicht zu weich wird. Geduld haben und ungefähr 5 Minuten lang kräftig durchkneten. Zum Schluss soll der Teig elastisch sein und leicht glänzen.

2_Jetzt braucht der Teig 30 Minuten Pause, und er mag es dabei schön warm. Also in einem mittelgroßen Topf Wasser zum Kochen bringen. Wasser ausgießen. Teig zur Kugel formen, in Butterbrotpapier wickeln und in den Topf legen. Deckel drauf und den Teig in Ruhe lassen.

3_Für die Füllung Zitrone heiß waschen, Schale fein abreiben. Butter und Zucker mit den Quirlen des Handrührgeräts cremig aufschlagen. Eier nacheinander unterrühren, bis keine Eigelbspuren mehr zu sehen sind. Den Quark abtropfen lassen (Topfen ist trocken genug). Quark oder Topfen mit saurer Sahne unterrühren.

4_Den Backofen auf 180 Grad vorheizen (erst später einschalten: Umluft 160 Grad). Übrige Butter zerlassen und eine eckige, große, feuerfeste Form mit etwas Butter ausstreichen.

5_Ein Küchentuch auf der Arbeitsplatte ausbreiten, gut mit Mehl bestäuben. Teig halbieren und noch mal durchkneten. Eine Teighälfte auf dem Tuch mit dem Nudelholz nach allen Seiten ausrollen. Dann mit den Händen unter den Teig greifen und den Teig über den Handrücken langsam von innen nach außen dünner auseinanderziehen. Wenn er so durchsichtig ist, dass man das Muster des Tuchs erkennen kann, mit etwas flüssiger Butter bepinseln. Die Hälfte der Füllung darauf verstreichen, dabei kleine Ränder freilassen. Dann die Teigränder über die Füllung klappen. Den Strudel mit dem Tuch anheben und langsam aufrollen. Bis zum Ende des Tuchs rollen, mit dem Tuch an den Rand der Form heben und langsam hineinfallen lassen. (Siehe dazu auch Seite 21.)

6_Den zweiten Strudel genauso ausrollen, ausziehen, füllen, aufrollen und dann in die Form geben. Beide Strudel mit restlicher flüssiger Butter bestreichen und im Ofen (Mitte) 30 Minuten backen.

7_Dann für den Guss Milch, Sahne, Vanillezucker und Ei verrühren. Über die Strudel gießen und noch mal ungefähr 25 Minuten backen, bis sie schön braun sind. Warm, lauwarm oder kalt essen.

Zwetschgen-knödel

Aus Omas Küchenschatz

Zutaten für 4 Personen:
800 g mehlig kochende Kartoffeln
100 g Marzipan-Rohmasse oder
30 Stück kleine Würfelzucker
rund 30 Zwetschgen (etwa 500 g)
etwa 100 g Mehl
1 Prise Salz
1 Ei (Größe M)
100 g Butter
80 g Semmelbrösel
2 EL Zucker
1/2 TL Zimtpulver

Zubereitungszeit: 1 Stunde
Kalorien pro Portion: 745 kcal

1_Für den Teig die Kartoffeln waschen und in einen Topf legen. Knapp mit Wasser bedecken und aufkochen. Den Deckel auflegen, Hitze auf mittlere Stufe schalten und die Kartoffeln in etwa 30 Minuten weich garen. Zum Test mit der Messerspitze einstechen. Das Wasser abgießen und die Kartoffeln nur so weit abkühlen lassen, dass man sie schälen kann, ohne sich dabei die Hände zu verbrennen.

2_Kartoffeln also schälen und durch die Kartoffelpresse drücken. Ganz abkühlen lassen. Das geht am schnellsten, wenn man sie flach ausbreitet.

3_In der Zwischenzeit schon mal das Marzipan in 30 kleine Würfel schneiden. Zwetschgen waschen und an einer Seite aufschneiden. Die Zwetschgen aufklappen und den Stein herausnehmen. Statt dem Stein kommt jetzt ein Stück Marzipan oder ein Würfelzucker in die Zwetschgen. Zwetschgen wieder zusammenklappen.

4_Zurück zum Teig: Mehl mit Salz zu den Kartoffeln sieben und damit mischen, Ei unterkneten. Der Teig soll jetzt weich, aber auch formbar sein. Ist er zu weich, muss noch mehr Mehl dazu. Den Teig auf einer mit Mehl bestäubten Arbeitsfläche zu einer Rolle von etwa 5 cm Ø formen, etwa 1 cm dicke Scheiben abschneiden und diese rund und dünner ausrollen. Auf jedes Teigstück 1 gefüllte Zwetschge legen und im Teig einhüllen. Dann mit den bemehlten Händen zu schön runden Knödeln (Klößen) formen.

5_In einem großen Topf mindestens 2 l Wasser zum Kochen bringen. Hitze klein stellen, Knödel ins Wasser legen und darin in etwa 10 Minuten gar ziehen lassen. Das Wasser soll dabei nicht sprudelnd kochen, sondern nur leise blubbern.

6_In der Zeit die Butter in einer Pfanne zerlaufen lassen. Die Semmelbrösel einrieseln lassen und bei schwacher Hitze darin rösten, bis sie leicht braun sind. Zucker und Zimt mischen und in ein Schüsselchen füllen.

7_Zwetschgenknödel mit dem Schaumlöffel aus dem Wasser heben (die, die man nicht gleich isst, bleiben erst mal noch drin) und in tiefe Teller verteilen. 1–2 EL Bröselbutter über jede Portion löffeln und servieren. Jeder bestreut sich die Knödel beim Essen noch ganz nach Süßlust mit Zimtzucker.

TIPP

Das A und O bei diesem Rezept: die Kartoffelpresse. In der Küchenmaschine kann man die Kartoffeln nämlich nicht zerkleinern, da werden sie wie Kleister. Als Ersatz taugt nur der Kartoffelstampfer, dann aber die Kartoffeln wirklich gründlich bearbeiten, damit später keine Kartoffelstückchen im Teig sind.

Vanille-Limetten-Dampfnudeln

Zur Abwechslung mal in Kokosmilch gegart

Zutaten für 4 Personen:
500 g Mehl
1 Prise Salz
50 g Zucker
1 Päckchen Vanillezucker
1/2 Würfel Hefe (etwa 21 g)
1/4 l lauwarme Milch
1 Bio-Limette
130 g weiche Butter
1 Ei (Größe L)
1 Vanilleschote
1/4 l Kokosmilch
2 EL Ahornsirup

Zubereitungszeit: 1 Stunde
+ 1 3/4 Stunden Gehen
Kalorien pro Portion: 815 kcal

1_Für den Teig das Mehl mit Salz, Zucker und dem Vanillezucker in einer Schüssel mischen, in der Mitte eine kleine Kuhle formen. Die Hefe zerkrümeln und in 2–3 EL Milch anrühren. In die Kuhle gießen, eine dünne Schicht Mehl darüberstäuben, die Schüssel mit einem Küchentuch zudecken und die Hefe 15 Minuten gehen lassen.

2_In der Zeit die Limette heiß waschen, die Schale fein abreiben. 75 g Butter in kleine Würfel schneiden und mit Limettenschale, Ei und restlicher Milch zum Mehl in die Schüssel geben. Mit den Knethaken des Handrührgeräts zu einem weichen Teig verkneten, er soll sich vom Schüsselrand lösen. Wieder mit dem Küchentuch zudecken und etwa 1 Stunde gehen lassen, bis der Teig fast doppelt so groß ist.

3_Dann die Hände gründlich in Mehl tauchen und den Teig noch einmal kräftig durchkneten. Zu 12 etwa gleich großen Kugeln formen. Ein großes Küchenbrett großzügig mit Mehl bestreuen, die Hefeknödel darauflegen und wieder mit dem Tuch abdecken. Noch mal gut 30 Minuten gehen lassen.

4_Einen weiten, flachen Topf mit dicht schließendem Deckel suchen. Vanilleschote der Länge nach aufschlitzen und aufklappen, das Mark mit dem Messerrücken herauskratzen. Die Schote quer halbieren und mit Mark, übriger Butter, der Kokosmilch und dem Ahornsirup in den Topf geben. Lauwarm erhitzen, dann gleich vom Herd ziehen. Die Teigkugeln nebeneinander in die Kokosmilch setzen.

5_Den Topf wieder auf den Herd stellen, Deckel auflegen und die Flüssigkeit im Topf aufkochen. Hitze ganz klein stellen, beim Gasherd am besten sogar ein Gitter zwischen Flamme und Topf legen. Die Dampfnudeln etwa 30 Minuten garen. Der Deckel muss in der Zeit unbedingt draufbleiben, sonst werden die Nudeln nicht locker und bekommen an der Unterseite keine tolle Kruste. Für den Gartest also immer mal wieder nah am Topfdeckel horchen: Erst hört man eher ein Singen und irgendwann fängt es an wie Feuer zu knistern und zu knacken. Das ist das Zeichen, dass die Kokosmilch verdampft ist und sich eine Kruste gebildet hat.

6_Jetzt den Topf vom Herd ziehen und die Dampfnudeln noch mal 5 Minuten stehen lassen. Dann den Deckel abheben und die Nudeln mit der Teigschaufel herausheben.

TIPP
Zu den Dampfnudeln gibt es ein Kompott oder eine Sauce wie Mangosauce mit Ingwer (Seite 130) oder Orangenschaumsauce (Seite 132).

VARIANTE: Dampfnudeln klassisch
Den Teig ohne die Limettenschale zubereiten und die Dampfnudeln in Kuhmilch mit Butter, Salz und 2 EL Zucker garen. Dazu dann entweder Rotweinzwetschgen (Seite 129) oder ganz klassisch eine Vanillesauce (Seite 132) servieren.

Basic-TIPP
Keine Angst vor Hefeteig, der ist gar nicht so sensibel wie sein Ruf vermuten lässt. Frische Hefe muss einfach nur wirklich frisch sein, also feucht und weich, wenn man den Würfel auspackt. Sieht sie eingetrocknet aus oder hat sie sogar Risse, ist sie zu alt. Ist sie richtig schmierig und riecht nicht mehr gut, bitte in den Müll werfen. Und wer lieber Trockenhefe mag, nimmt ein ganzes Päckchen und schaut vorher genau nach, ob das Haltbarkeitsdatum noch passt.

Beerenauflauf

Clafoutis wird er in seiner
französischen Heimat gerufen

Zutaten für 4 Personen:
600 g gemischte Beeren (z. B. Brombeeren, Erdbeeren und Himbeeren)
80 g Zucker
5 Eier (Größe M)
150 g Mehl
1/2 TL Backpulver
1 Prise Salz
1/4 l Milch
Butter für die Form
Puderzucker zum Bestäuben

Zubereitungszeit: 20 Minuten
+ 30 Minuten Backen
Kalorien pro Portion: 405 kcal

1_Den Backofen auf 180 Grad vorheizen
(erst später einschalten: Umluft 160 Grad).
Eine feuerfeste Form (2 l Inhalt) gründlich
ausbuttern.

2_Die Beeren verlesen, Brombeeren und
Erdbeeren waschen. Die Erdbeeren von
den Kelchblättern befreien, vierteln oder
halbieren. Beeren mit gut 1 EL Zucker in
der Form mischen.

3_Die Eier trennen. Die Eiweiße mit den
Quirlen des Handrührgeräts steif schlagen.
Mehl mit Backpulver, übrigem Zucker und
dem Salz mischen. Nach und nach Milch
und Eigelbe unterrühren. Zum Schluss
den Eischnee unterheben. Den Teig über
die Beeren in der Form gießen. Clafoutis
im Ofen (Mitte) etwa 30 Minuten backen,
bis der Teig gebräunt ist. Dann noch kurz
stehen lassen und zum Schluss mit Puderzucker bestäuben.

VARIANTE: Apfelauflauf

750 g kleine, säuerliche Äpfel halbieren,
schälen und die Kerngehäuse herausschneiden. Äpfel mit der Schnittfläche
nach unten in der gebutterten Form etwa
15 Minuten vorbacken. Den Teig wie beschrieben zubereiten, dabei 1 TL Zimtpulver einstreuen. Den Teig über den
Äpfeln verteilen und den Clafoutis wie
angegeben fertig backen.

Germknödel mit Mohn

Echt böhmisch

Zutaten für 4 Personen:
15 g frische Hefe | 2 Päckchen Vanille-
zucker | 100 ml lauwarme Milch
250 g Mehl | Salz | 1 Ei (Größe M)
80 g Pflaumenmus (österr. Powidl)
1/2 Bio-Orange | 100 g Butter
50 g Mohnsamen oder gemahlener
Mohn (frisch gemahlen bekommt man
ihn nur in manchen Bio-Läden, Alternative: fertige, gesüßte Mohnmischung
aus der Tüte, bei den Backwaren)

Zubereitungszeit: 50 Minuten
+ 1 1/4 Stunden Gehen
Kalorien pro Portion: 560 kcal

1_Hefe in ein Schälchen krümeln. 1 TL
Vanillezucker mit der Milch dazugeben,
gründlich verrühren. Das Mehl mit 1 Prise
Salz und restlichem Vanillezucker in einer
Schüssel mischen. Hefemilch und Ei dazugeben und alles mit den Knethaken des
Handrührgeräts zu einem glatten Teig verkneten. Mit einem Tuch abdecken und
ungefähr 1 Stunde an einen warmen Platz
stellen, bis der Teig doppelt so groß ist.

2_Dann Teig achteln. Jedes Stück rund formen und in der bemehlten Hand flach drücken, mit etwas Pflaumenmus belegen. Teig über dem Mus zusammenklappen und vorsichtig einen runden Knödel draus formen. Die Knödel nebeneinander auf ein Brett legen, noch einmal zudecken und 15 Minuten in Ruhe lassen.

3_In einem großen Topf 2 l Wasser zum Kochen bringen, leicht salzen. Die Hitze klein stellen, die Knödel ins Wasser legen und zugedeckt darin in etwa 20 Minuten gar ziehen lassen. Den Deckel während der Zeit bitte nicht abnehmen! Und: Das Wasser nicht kochen lassen, sonst können die Knödel aufplatzen!

4_In der Zeit die halbe Orange heiß waschen und die Schale fein abreiben, den Saft auspressen. Die Butter in einer Pfanne zerlaufen und nur leicht braun werden lassen. Mohn untermischen und unter Rühren bei schwacher Hitze ein paar Minuten rösten. Die Orangenschale und 1 EL Saft dazurühren.

5_Die Knödel mit dem Schaumlöffel aus dem Wasser heben, jeweils 2 Knödel in einen tiefen Teller legen, die Mohnbutter darüberlöffeln.

Quarknockerl in Aprikosensauce

Leicht und frisch

Zutaten für 4 Personen:
Für die Quarknockerl:
500 g Magerquark oder Topfen
40 g weiche Butter
50 g Zucker
1 Päckchen Vanillezucker
Salz
2 Eier (Größe M)
75 g Hartweizengrieß
75 g Mehl
1 TL Speisestärke
Für die Aprikosensauce:
700 g Aprikosen
1 Bio-Orange
1/8 l trockener Weißwein, Cidre oder Apfelsaft
30 g Zucker
1 Prise Zimtpulver
Außerdem:
Zimtzucker zum Bestreuen

Zubereitungszeit: 45 Minuten
Kalorien pro Portion: 510 kcal

1_Für die Nockerl den Quark in einem Sieb abtropfen lassen. Butter mit Zucker, Vanillezucker und 1 Prise Salz schaumig rühren. Eier und Quark oder Topfen unterrühren. Dann Grieß, Mehl und Speisestärke mischen und untermengen.

2_Für die Sauce die Aprikosen waschen, halbieren und die Steine herauslösen. Die Aprikosen würfeln und in einen Topf geben. Die Orange heiß waschen und die Hälfte der Schale fein abreiben, Saft auspressen. Beides mit Wein, Cidre oder Apfelsaft, Zucker und Zimt zu den Aprikosen geben. Aufkochen, bei schwacher Hitze zugedeckt 10–15 Minuten köcheln lassen.

3_Gleichzeitig in einem großen Topf Salzwasser zum Kochen bringen. Von der Quarkmasse mit zwei Teelöffeln Klößchen abstechen und ins Wasser legen. Bei schwacher Hitze offen etwa 10 Minuten ziehen lassen.

4_Die Aprikosen fein pürieren und die Sauce abschmecken, in tiefen Tellern verteilen. Quarknockerl mit einem Schaumlöffel aus dem Wasser heben, abtropfen lassen und in die Sauce legen. Mit Zimtzucker bestreuen.

Polenta-Nuss-Brei

Grießbrei auf italienisch

Zutaten für 4 Personen:
1 l Milch
1 Prise Salz
70 g Zucker
150 g Instant-Maisgrieß (Polenta)
50 g gemahlene Haselnüsse
oder Mandeln
1 Bio-Zitrone
2 sehr frische Eiweiß (Größe M)
1 Prise Zimtpulver
250 g Himbeeren
100 g saure Sahne
1 EL Ahornsirup oder heller Honig

Zubereitungszeit: 20 Minuten
Kalorien pro Portion: 490 kcal

1_Die Milch mit Salz und Zucker in einem Topf zum Kochen bringen. Maisgrieß und die Haselnüsse oder Mandeln einrieseln lassen und die Hitze klein stellen. Deckel auflegen und die Polenta etwa 5 Minuten quellen lassen. Trotz der kurzen Garzeit zwischendurch mal umrühren, Topf dazu vom Herd ziehen, Polenta spritzt leicht und ist sehr heiß.

2_Inzwischen die Zitrone heiß waschen, Schale fein abreiben. Eiweiße mit Zimt zu steifem Schnee schlagen. Himbeeren verlesen und grob zerdrücken, mit der Sahne und Ahornsirup oder Honig verrühren.

3_Die Zitronenschale und den Eischnee unter den Polenta-Brei heben. Den Brei in tiefen Tellern verteilen und jeweils mit einem Klecks Himbeersahne garnieren.

TIPP
Der Klassiker wird mit Hartweizengrieß gemacht und muss 10 Minuten garen. Im Teller nur mit Zimtzucker bestreuen.

VARIANTE: Grießflammeri
1 l Milch mit 1 Prise Salz und 40 g Zucker aufkochen. 200 g Hartweizengrieß einrühren und zugedeckt bei schwacher Hitze in etwa 10 Minuten ausquellen lassen. In einer Schüssel leicht abkühlen lassen, dann 2 Eigelb (Größe M) und die abgeriebene Schale von 1 Bio-Zitrone untermischen. 2 Eiweiß (Größe M) mit 40 g Zucker steif schlagen, unter den Grieß heben. Mischung in Schälchen füllen und mindestens 2 Stunden kühl stellen. Dann stürzen und mit einer Fruchtsauce, etwa dem Erdbeerpüree von Seite 76 servieren.

Rhabarber-Vanille-Reis

Risotto für Süße

Zutaten für 4 Personen:
1 Vanilleschote
500 g Rhabarber
1 EL Butter
300 g Milch- oder Risottoreis
1 l Milch
80 g Zucker
1 Päckchen Vanillezucker
100 g Crème fraîche
1 Prise Zimtpulver
2 EL Pinienkerne

Zubereitungszeit: 40 Minuten
Kalorien pro Portion: 675 kcal

1_Die Vanilleschote der Länge nach aufschlitzen und aufklappen. Das Mark mit dem Messerrücken herausschaben, die Schote quer halbieren. Den Rhabarber waschen und die Enden abschneiden. Wenn sich dabei Fäden lösen, gleich der ganzen Länge nach abziehen. Rhabarber in dünne Scheiben schneiden.

2_Butter in einem Topf zerlaufen lassen, den ungewaschenen Reis einrühren. Die Milch angießen, den Zucker und den Vanillezucker mit dem Vanillemark und den Schotenhälften unterrühren und den Reis zugedeckt bei schwacher Hitze etwa 15 Minuten garen.

3_Den Rhabarber untermischen und alles noch mal etwa 5 Minuten garen, bis der Rhabarber schön weich ist. Vanilleschoten aus dem Reis fischen. Die Crème fraîche unter den Reis mengen und mit Zimt abschmecken. Topf vom Herd ziehen und den Deckel auflegen.

4_Pinienkerne ohne Fett in einer Pfanne bei mittlerer Hitze goldgelb rösten. Reis in tiefen Tellern verteilen und vor dem Essen die Pinienkerne aufstreuen.

TIPP
Die Rhabarbersaison ist kurz. In der übrigen Zeit schmeckt der Reis auch mit Zwetschgen, Mango oder Himbeeren (die allerdings erst zum Schluss unterrühren und nur warm werden lassen) sehr gut. Bei diesen Früchten aber weniger Zucker nehmen.

Apfelreis mit Quark

Supersaftig

Zutaten für 4 Personen:
200 g Milch- oder Risottoreis
1 l Milch
1 Stück Zimtstange (etwa 4 cm)
2 Nelken
2 grüne Kardamomkapseln
1 Prise Salz
600 g Äpfel
60 g Zucker
100 g Sahne
250 g Topfen oder Magerquark
Zucker und Zimt zum Bestreuen

Zubereitungszeit: 35 Minuten
Kalorien pro Portion: 595 kcal

1_Den Reis in ein Sieb geben und unter fließend kaltem Wasser gut abbrausen. Mit Milch, Zimt, Nelken, Kardamom und Salz in einen Topf schütten, erwärmen.

2_Wenn die Milch kocht, die Hitze ganz klein schalten, den Deckel halb auflegen und den Reis ungefähr 15 Minuten garen. Dabei immer mal wieder umrühren, damit nichts anbrennt.

3_In der Zwischenzeit schon mal die Äpfel vierteln, schälen und das Kerngehäuse entfernen. Die Äpfel in dünne Schnitze schneiden. Mit dem Zucker unter den Reis rühren, alles noch mal etwa 15 Minuten weitergaren, bis Reis und Äpfel weich sind.

4_Dann kommt der Clou: die Sahne steif schlagen. Zimt, Nelken und Kardamom aus dem Reis fischen. Den Topfen oder Quark unter den Reis rühren und leicht erwärmen. Die Schlagsahne unterheben und den Reis sofort auf vorgewärmte tiefe Teller schöpfen. Mit Zucker und Zimt nach Gusto bestreuen.

TIPP
Probieren Sie unbedingt auch mal eine andere Obstsorte. Besonders lecker: Birnen oder Bananen.

Kokoswaffeln

Unbedingt frisch essen!

Zutaten für 4 Personen (8 Waffeln):
1 Bio-Zitrone
200 g weiche Butter
125 g Zucker
1 Päckchen Vanillezucker
4 Eier (Größe L)
150 g Mehl
100 g Kokosraspel
1 TL Backpulver

Zubereitungszeit: 50 Minuten
Kalorien pro Portion: 880 kcal

1_Zitrone heiß waschen und die Schale
fein abreiben. Butter, Zucker und Vanillezucker mit den Quirlen des Handrührgeräts cremig schlagen. Die Eier einzeln
unterrühren, bis keine Eigelbspuren mehr
zu sehen sind. Mehl mit Kokosraspeln,
Zitronenschale und Backpulver mischen
und mit dem Kochlöffel kurz, aber gründlich unter die Crememasse rühren.

2_Das Waffeleisen anheizen. Nach und
nach eine Schöpfkelle Teig ins Waffeleisen
gießen, das Eisen schließen, die Waffeln
etwa 4 Minuten backen. Warm essen.

TIPPs
Zu den Waffeln schmecken sehr gut
Apfelmus (Seite 128), Rotweinzwetschgen
(Seite 129) oder Ananas in Zitronensud
(Seite 127).
Entweder steht das Waffeleisen auf dem
Esstisch und es gibt die Waffeln immer
gleich frisch aus dem Eisen. Oder aber
die Waffeln werden nach und nach in der
Küche gebackenen und im Backofen bei
70 Grad warm gehalten, bis alle fertig sind.
Wer übrigens ganz simple Waffeln backen
will, ersetzt die Kokosraspel durch Mehl.

VARIANTE: Mohnwaffeln

4 getrocknete Pflaumen in kleine Würfel schneiden. 1 Bio-Orange heiß waschen, Schale abreiben. 200 g weiche Butter mit 100 g Zucker cremig rühren. 4 Eier (Größe M) und 100 g Mohnback (aus dem Beutel) mit Orangenschale und Pflaumen untermengen. 175 g Mehl mit 1 TL Backpulver mischen und unterrühren. Waffeln wie beschrieben backen und mit Vanillesauce (Seite 132) oder auch halb steif geschlagener Vanillesahne servieren.

Brotpudding
Saftige Sache

Zutaten für 4–6 Personen:
200 g altbackenes Brot (das kann Weißbrot sein oder auch dunkles Brot, aber besser nicht zu stark gewürzt)
300 ml Milch oder Fruchtsaft (z. B. naturtrüber Apfelsaft)
100 g getrocknete Pflaumen, Aprikosen oder Feigen
4 EL Grappa oder Rum (nach Belieben)
100 g Zartbitterschokolade
4 Eier (Größe M)
80 g weiche Butter
60 g Zucker
1 Prise Salz
80 g gemahlene Mandeln
1 TL Zimtpulver
Butter und Semmelbrösel für die Form

Zubereitungszeit: 30 Minuten
+ 1 Stunde Garen
Kalorien pro Portion (bei 6 Personen): 535 kcal

1_Das Brot in Würfel schneiden und in eine Schüssel legen. Milch oder Fruchtsaft darübergießen und das Brot in etwa 10 Minuten weich werden lassen.

2_Inzwischen die getrockneten Früchte in ganz kleine Würfel schneiden und nach Belieben mit Grappa oder Rum mischen. Wer das nicht mag, streicht den Alkohol ersatzlos. Schokolade in kleine Stücke hacken. Die Eier trennen.

3_Die Butter mit Zucker und Salz cremig rühren. Die Eigelbe nacheinander unterrühren, dann die getrockneten Früchte, die Schokolade, die Mandeln und den Zimt mit dem Brot untermischen. Eiweiße gut steif schlagen, daraufhäufen und mit dem Schneebesen unterziehen.

4_Eine Puddingform mit Deckel gründlich mit Butter ausstreichen und mit Semmelbröseln ausstreuen. Die Form so lange hin und her drehen, bis Brösel auch an den Seiten an der Butter kleben bleiben. Die Puddingmasse in die Form füllen, den Deckel auflegen und verschließen.

5_Die Form in einen großen Topf stellen. So viel heißes Wasser angießen, dass die Form gut zur Hälfte darin steht. Wasser erhitzen, Topfdeckel auflegen und den Pudding etwa 1 Stunde bei schwacher Hitze garen. Das Wasser soll nicht richtig kochen, sondern nur leise blubbern.

6_Die Form aus dem Wasser heben und etwa 10 Minuten stehen lassen. Dann den Deckel abnehmen, einen umgedrehten Teller auflegen und die Form und den Teller zusammen mit Schwung umdrehen. Den Pudding auf den Teller stürzen, in nicht zu dünne Scheiben schneiden und servieren.

TIPP

Dazu schmeckt eine Zabaione (Seite 84), Rotwein-Zimt-Sauce (Seite 132) oder eine schlichte Vanillesauce (Seite 132).

Basic-TIPPs

Pudding zu garen ist ganz einfach, man braucht nur die passende Form dazu. Wer keine hat, nimmt eine hohe Auflaufform und stellt sie im Topf aber auf ein Gitter oder einen Rost, damit Wasser zwischen Topfboden und Form ist und der Pudding nicht anbrennt. Abgedeckt wird mit Alufolie.
Wer möchte, kann den Pudding auch im Backofen (ebenfalls in Wasser) bei 200 Grad (Umluft 180 Grad) garen.

Apricot crumble

Abgekühlt auch gut als Dessert für viele Leute

Zutaten für 4 Personen:
1 kg Aprikosen
1 Bio-Zitrone
3 EL Honig
125 g Walnusskerne
150 g Butter
100 g brauner Zucker
180 g Mehl
1 1/2 TL Zimtpulver

Zubereitungszeit: 35 Minuten
+ 35 Minuten Backen
Kalorien pro Portion: 850 kcal

1_Die Aprikosen waschen, halbieren, entsteinen und in breite Streifen schneiden. Die Aprikosenstreifen in eine feuerfeste Form legen, in der sie gut nebeneinander Platz haben.

2_Den Backofen auf 180 Grad vorheizen (erst später einschalten: Umluft 160 Grad). Die Zitrone heiß waschen und die Schale fein abreiben, den Saft einer Hälfte auspressen. Schale und 2 EL Saft mit Honig mischen und auf die Aprikosen löffeln. Walnusskerne hacken und aufstreuen.

3_Butter bei schwacher Hitze zerlaufen und wieder lauwarm abkühlen lassen. Den Zucker, das Mehl und den Zimt mit einer Gabel nur so lange unter die Butter rühren, bis Streusel entstehen.

4_Streusel auf den Aprikosen verteilen. Apricot crumble im Ofen (Mitte) etwa 35 Minuten backen, bis die Streusel goldbraun und knusprig sind. Kurz stehen lassen, warm servieren.

TIPP
Den Crumble unbedingt mal mit Vanilleeis oder Vanillesauce (Seite 132) servieren.

Safran-Couscous mit Obst

Süßes aus dem Orient

Zutaten für 4 Personen:
300 g gemischte Trockenfrüchte (z.B. Aprikosen, Feigen, Zwetschgen, Äpfel)
1 Bio-Zitrone | 1 Bio-Orange
50 g Honig | 1 Stück Zimtstange (4 cm)
1 Döschen Safranfäden (o,1 g)
2 EL Zucker | 300 g Instant-Couscous
400 g Joghurt | 50 g saure Sahne
je 1/2 TL Zimtpulver und Ras-el-hanout (marokkanische Gewürzmischung)
1 EL Butter

Zubereitungszeit: 35 Minuten
+ 1–2 Stunden Quellen
Kalorien pro Portion: 610 kcal

1_Die Trockenfrüchte grob würfeln und in einen Topf füllen. Zitrone und Orange heiß waschen, Schale zu den Früchten in den Topf reiben. Zitrussaft auspressen und mit Honig und Zimtstange unter die Früchte rühren. Alles einmal aufkochen lassen, Herd ausschalten und das Obst zugedeckt 1–2 Stunden stehen und quellen lassen.

2_Dann den Couscous kochen. Safran zwischen zwei Fingern leicht zerreiben und mit 3/8 l Wasser in einen Topf füllen. Etwa 10 Minuten stehen lassen, bis das Wasser sich schön gelb gefärbt hat.

3_Wasser warm werden lassen, 1 1/2 EL Zucker unterrühren, bis er sich im Wasser auflöst. Couscous einrühren, den Herd ausstellen, Deckel auflegen und den Couscous 5 Minuten ziehen lassen.

4_In der Zeit schnell den Joghurt und die saure Sahne mit dem restlichen Zucker kräftig mit dem Schneebesen verrühren. Mit Zimt und Ras-el-hanout abschmecken. Zimtstange aus den Früchten fischen.

5_Die Butter in kleine Würfel schneiden. Couscous mit einer Gabel lockern und die Butter dabei gleich unterrühren, bis sie geschmolzen ist. Couscous auf eine Platte häufen, in die Mitte mit der Suppenkelle eine Mulde drücken. Früchte in die Mulde füllen. Die Joghurtsauce extra dazustellen. Beim Essen dann Couscous und Früchte auf den Teller geben und etwas Joghurt-sauce darüberlöffeln.

Süßkartoffel-Fritten mit Beerenketchup

Klassiker mal ganz anders

Zutaten für 4 Personen:
500 g rote Johannisbeeren
1/8 l Johannisbeer- oder roter Traubensaft
70 g Zucker
1 Päckchen Vanillezucker
1 Prise Chilipulver
1 kg Süßkartoffeln (Bataten)
3/4 l Öl zum Frittieren
Puderzucker zum Bestäuben

Zubereitungszeit: 45 Minuten
Kalorien pro Portion: 480 kcal

1_Die Johannisbeeren waschen und die Beeren mit den Fingern oder mit einer Gabel von den Stielen abstreifen, am besten gleich in einen Topf. Saft, Zucker und Vanillezucker unterrühren und alles zum Kochen bringen.

2_Die Johannisbeeren bei mittlerer Hitze offen etwa 15 Minuten kochen lassen, bis sie aufplatzen und die Flüssigkeit dicklich eingekocht ist. In eine hohe Schüssel füllen, pürieren und mit Chili würzen. Abkühlen lassen.

3_Süßkartoffeln schälen, waschen und in gut 1 cm dicke Scheiben schneiden. Die Scheiben in gut 1 cm breite Stifte schneiden. Die Kartoffelstifte mit einem Küchentuch oder mit Küchenpapier rund-herum gut trockentupfen.

4_Das Öl in einer weiten Pfanne oder im Wok heiß werden lassen. Mit einem Holz-stäbchen oder dem Holzkochlöffel die Hitzeprobe machen: ins Fett halten. Wenn sofort viele Bläschen daran tanzen, ist das Fett heiß genug.

5_Kartoffelstifte in drei Portionen im Öl jeweils in 4–5 Minuten knusprig frittieren. Einen Teller mit einer dreifachen Lage Küchenpapier auslegen. Süßkartoffeln mit dem Schaumlöffel aus dem Fett heben, abtropfen lassen und auf dem Papier gut abfetten lassen. Die gebackenen Fritten in den Backofen stellen und bei 50 Grad warm halten. Wenn alle Kartoffeln frittiert sind, eine dünne Schicht Puderzucker auf-stäuben. Mit Beerenketchup essen.

im Bild: Salzburger Nockerl

Basic:

Wie beim Baiser spielt hier der Eischnee die große Rolle – mal mehr, mal weniger, wie uns die beiden Rezepte rechts zeigen.

Die Basis fürs Soufflé kann verschieden sein: ein »abgebrannter« Brei wie hier beim Grießsoufflé, eine dick gekochte Sauce, eine Pfannkuchenmasse oder nur ein Hauch von Bindung aus Eigelb und Mehl wie bei den Salzburger Nockerln.

Beim klassischen Soufflé muss die Luft des Eischnees mit wenig Verlusten in die Masse übergehen. Dazu wird ein Drittel des Schnees in die Masse eingerührt, um die Grundsubstanz geschmeidiger zu machen, der Rest wird mit wenigen Zügen locker »untergehoben« – am besten geht das mit einem Kochlöffel mit Loch darin. Die Masse kommt dann in eine am Boden gebutterte Form mit geraden Wänden, welche entweder gar nicht gebuttert sind oder danach mit Mehl und/oder Zucker ausgestreut werden – sonst rutscht das Soufflé hier beim Aufgehen ab.

Wasserdampf unterstützt das Aufgehen, weswegen Soufflés oft in ein Wasserbad gestellt werden, in dem sich die Formen zur Hälfte in heißem Wasser befinden (Küchenpapier am Boden dämpft dabei die Hitze von unten). Um das Soufflé beim Aufgehen nicht zu stören, bleibt die Ofentür zu. Und wenn das Soufflé aus dem Ofen muss, dann sollte es auch gleich auf den Tisch – solang die Luft noch in ihm ist.

Soufflé

Grießsoufflé

So edel kann ein Brei werden

Zutaten für 6 Personen:
4 EL Himbeeren (frisch oder tiefgekühlt)
1/4 l Milch | 50 g Butter
4 EL Zucker | 50 g Weichweizengrieß
abgeriebene Schale von 1/4 Bio-Orange
3 Eier (Größe M) | 1 Prise Salz
Butter und Zucker für die Förmchen

Zubereitungszeit: 40 Minuten
+ 20 Minuten Backen
Kalorien pro Portion: 185 kcal

1_Den Backofen auf 180 Grad vorheizen (keine Umluft!). Eine Auflaufform oder einen großen Topf am Boden mit etwas Küchenpapier auslegen, in den Ofen (Mitte) stellen und 3 cm hoch mit Wasser füllen. Sechs Förmchen (je 120 ml Inhalt) gut buttern und großzügig mit Zucker ausstreuen. Die Himbeeren darin verteilen.

2_Die Milch mit Butter und 1 EL Zucker aufkochen. Grieß einstreuen und einmal aufwallen lassen. Den zähen Brei bei mittlerer Hitze so lange unter Rühren weitergaren, bis er eine glatte Masse ist, die sich vom Topfboden löst, der jetzt mit einer weißen Schicht bedeckt ist (das nennt man »Abbrennen«). Orangenschale untermischen und alles in eine Schüssel geben, leicht abkühlen lassen.

3_Eier trennen. 1 Eigelb mit dem Kochlöffel (am besten mit Loch) in die Grießmasse einarbeiten, dann das nächste Eigelb und zum Schluss das dritte. Die Eiweiße mit Salz und 1 EL Zucker auf mittlerer Stufe zu einem cremig-festen Schaum schlagen, übrigen Zucker untermischen und alles zu steifem Eischnee schlagen. Jetzt noch mal kurz mit dem Rührgerät Vollgas geben, damit sich der Schnee schön aufbläht.

4_Die Grießmasse mit einem Drittel des Eischnees geschmeidig rühren. Den Rest behutsam mit dem Kochlöffel unterheben, sodass eine lockere Masse entsteht. Die Förmchen zu drei Vierteln mit der Masse füllen und ins Wasserbad stellen. Soufflés im Ofen etwa 20 Minuten backen, bis sie schön aufgegangen sind.

Salzburger Nockerl

Die Alpen süß und luftig

Zutaten für 4 Personen:
1/2 Vanilleschote | 200 ml Milch
50 g Butter | 7 Eier (Größe M)
1 Prise Salz | 70 g Zucker
abgeriebene Schale von 1/2 Bio-Zitrone
1 EL Mehl | 1 EL Speisestärke
Puderzucker zum Bestäuben

Zubereitungszeit: 25 Minuten
+ 8–10 Minuten Backen
Kalorien pro Portion: 360 kcal

1_Den Backofen auf 250 Grad vorheizen (keine Umluft!). Vanilleschote der Länge nach halbieren, das Mark herausschaben. Die Milch in eine flache Auflaufform (etwa 28 cm Ø) gießen, Vanilleschote und -mark und die Butter in Flocken dazugeben. In den Ofen (eine Schiene unter der mittleren Schiene) schieben.

2_Die Eier trennen. Eiweiße mit Salz und der Hälfte des Zuckers auf mittlerer Stufe zu einem cremig-festen Schaum schlagen. Übrigen Zucker dazugeben und alles zu steifem Eischnee schlagen. Noch kurz bei höchster Stufe schlagen, damit das Ganze schön luftig wird.

3_Eigelbe mit der Zitronenschale glatt rühren, Mehl und Stärke miteinander vermischen. Beides auf den Eischnee geben und mit dem Kochlöffel (mit Loch) mit so wenigen Zügen wie möglich unterheben.

4_Die Vanilleschote aus der Milch herausfischen. Mit einem Servierlöffel oder mit dem Teigschaber aus der Schaummasse vier große Nocken abstechen und so nebeneinander in die heiße Vanillemilch in der Form setzen, dass die Milch abgedeckt ist. Übrige Masse auf die Nocken »türmen« (das klassische Vorbild sind die Berge rund um Salzburg).

5_Die Nocken im Ofen in 8–10 Minuten aufgehen lassen und goldgelb bräunen, wobei sie innen noch cremig sein sollten. Mit Puderzucker (der Schnee auf den Bergen) bestäuben und sofort servieren. Schmeckt gut mit Kompott (ab Seite 126).

Kompott, Saucen und Drinks

Richtig interessant werden Desserts erst im Kontrast: saftiges Kompott zu knusprigem Kaiserschmarrn, warmer Orangenschaum zu kaltem sahnigen Schokoeis – das sind Ehen, die im Himmel geschlossen wurden. In diesem Kapitel sind einige passende süße Partner im Angebot, von der Ananas im Zitronensud, die mit einem Soufflé liebäugelt, bis zur Karamellsauce für den Milchreis. Wem aber Singles lieber sind, der nimmt sich einfach einen Drink. Kokos-Ingwer-Lassi klingt doch nett.

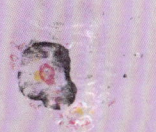

Sweets Of The Times

Die Chili-Schokolade

Schokopudding, Mousse au chocolat, Death by chocolate – eigentlich müsste Schokolade längst durch sein, was ihre Rolle im »signature dish« (Seite 30) angeht. Aber die Gute schert sich nicht drum und erlebt derzeit wieder einen neuen Boom. Weltweiter Auslöser war dabei Juliette Binoche, die 2000 im Film »Chocolat« den edlen Stoff mit Chili verschmolz und dabei nicht nur ihr Dorf um den Verstand brachte. Inzwischen raunt man sich in jeder Großstadtschokoboutique die Namen von Kakaoplantagen wie Bordeaux-Lagen zu und schreckt nicht zurück vor Bergkäse oder Schweinegrieben im Schokomantel.

Nun gut. Aber die Kombination von Schoko und Chili, die hat was. Und zwar etwas sehr Ursprüngliches, denn sie stammt aus der Zeit, als man noch nicht glaubte, dass die Kakaobohne in der Schweiz wächst und Chilis aus Thailand stammen. Beides kommt nämlich aus Mittel- und Südamerika, wo die Maya es in einem bitterscharfen Wassertrunk vereinten, der ihre Konzentration stärkte und »Xocolatl« hieß. Erst in Europa kamen Zucker und Milch dazu, woraus dann die herrliche heiße Schokolade wurde – und das nicht ganz so feine »Instant-Kakaoge-tränk«. Da setzen wir Chili-Schokolade mit Zimt und Crème fraîche (Seite 135) dagegen – und fühlen uns so wie Johnny und Juliette.

Wer **Apfelmus*** mag ...

... könnte auch das mögen:

Quitten-Geleefrüchte (Seite 36)
Honig-Rhabarber aus der Folie (Seite 61)
Apfelsülzchen mit Minze (Seite 81)
Apricot crumble (Seite 118)

(*Seite 128)

... Zuckercouleur

Was passiert, wenn ich Zucker im Topf erhitze? Erst schmilzt er, dann wird er blond, braun und schließlich zu Karamell, und wenn ich ihn dann nicht vom Herd ziehe, wird er schwarz und es raucht. Genau soweit lassen es nun aber die Hersteller von Zuckercouleur kommen, bevor sie das Ganze mit Wasser ablöschen und verkochen. Die entstandene Substanz ist schwarzbraun, kein bisschen süß und leicht bitter. Was aber nicht so schlimm ist, weil nur ein paar Tropfen davon ausreichen, um zum Beispiel ein Weizenbrot »roggiger«, einen Keks »schokoladiger« oder auch eine Bratensauce »bratiger« aussehen zu lassen. Die »Couleur« oder auch »Kulör« ist also eine natürliche Lebensmittelfarbe – die ein guter Koch, Bäcker, Zuckerbäcker natürlich nicht verwendet.

Süße Typen

Milli Vanilli

Ob in der Milchbar, im Coffeeshop oder an der Quelle des Glücks, ob Campari Orange auf Tahiti oder Bitter Lemon auf Hawaii – die Milli Vanilli ist immer dabei.

So kennt sie die internationalen Trinktrends und folgt ihnen auch gerne, wenn eins garantiert ist: dass es süß ist. Harte Drinks und das harte Leben sind ihr ein Gräuel, sie mag es lieber smooth und in Gesellschaft – ihre Freundinnen heißen Tutti Frutti und Piña Colada, die sie aber am liebsten ohne deren Kumpel Alkohol trifft. Den hält die Milli nämlich für viel zu grob und ungesund im Umgang.

Den Dialog zwischen Sahne und Früchten findet sie da schon viel erfrischender, wobei es ihr schon mal passiert, dass sie davon gar nicht genug bekommen kann – was ihr dann für eine Weile einen süßen

Kater bescheren wird, mit dem sie erst mal beschämt um die Badezimmerwaage umherstreicht. Aber nie für länger, denn das Leben ist viel zu süß, um drunter zu leiden.

Zum Schluss: KEIN SCHIRMCHEN!

Da sitz' ich nach Feierabend im Lokal und hab' Lust auf einen Drink – nichts Alkoholisches, schon was Besonderes – und nehm' den mit dem nettesten Namen. Und dann starren mich alle an, weil so ein Ungetüm mit Schirmchen und Flitter vor mir steht. Muss nicht sein. Die Teller-Regel »keine Deko, die ich nicht essen kann« sollte auch für Gläser gelten, oft reichen schon die Mixzutaten: ein Spieß (der darf sein) mit Erdbeer- und Aprikosenschnitz plus Minzeblatt auf dem Smoothie, ein Schoko-Ornament (Seite 20) im Schokoshake. Voilà!

Cappuccino-Künstler pudern mit Kakao und Schablone witzige Icons auf den Schaum oder zeichnen mit Kaffee und Holzspießchen Muster rein. Das funktioniert ganz ähnlich bei den Saucenmalern, deren Klassiker so geht: Kalte Vanillesauce auf den Teller gießen, mit einem Spritztütchen (Seite 20) voll Schokosauce eine Spirale draufmalen und dann mit dem Holzspießchen nach außen Strahlen ziehen – und fertig ist der schicke Landeplatz für Eiskugeln oder Topfenknödel.

Birnenkompott mit Basilikum

Schmeckt nach Süden

Zutaten für 4 Personen:
4 Birnen (etwa 800 g)
2 EL Zitronensaft
150 ml trockener Weißwein
(oder einfach Wasser)
50 g Zucker
1 Stück frischer Ingwer (etwa 3 cm)
1 Bund Basilikum

Zubereitungszeit: 30 Minuten
Kalorien pro Portion: 175 kcal

1_Die Birnen vierteln, schälen und das Kerngehäuse herausschneiden. Jedes Viertel noch mal längs durchschneiden. Birnenachtel mit Zitronensaft mischen, damit sie sich nicht braun verfärben.

2_Weißwein oder Wasser mit dem Zucker in einem Topf mischen. Ingwer schälen, in dünne Scheiben schneiden und in den Topf legen. Die Flüssigkeit zum Kochen bringen. Birnenachtel einlegen, Hitze auf kleine Stufe schalten und den Deckel auflegen. Die Birnen im Sud gar kochen, aber nicht zu weich werden lassen. Bei manchen Sorten reichen schon 5 Minuten, andere brauchen mehr als 10 Minuten. Einfach mit der Spitze eines Messers in die Früchte stechen und überprüfen, wie weich sie sind.

3_Birnen mit dem Sud in eine Schüssel schöpfen. Die Basilikumblättchen von den Stängeln abzupfen und fein hacken. Mit 50 ml Birnenkochsud und 2 Birnenachteln fein pürieren. Unter die Birnen mischen. Dann vor dem Essen nur noch den Ingwer aus dem Sud fischen.

Ananas in Zitronensud
Schmeckt exotisch

Zutaten für 4 Personen:
1 Ananas (etwa 1,1 kg)
2 Stangen Zitronengras
1 Bio-Zitrone
1/8 l Ananassaft
2 EL brauner Zucker
2 EL Honig
1 Stück Zimtstange (etwa 4 cm)

Zubereitungszeit: 30 Minuten
Kalorien pro Portion: 125 kcal

1_Von der Ananas den Schopf und das untere Ende abschneiden. Die Ananas mit einer Schnittfläche auf das Schneidebrett stellen und die Schale Streifen für Streifen von oben nach unten abschneiden, dabei die Frucht immer wieder ein Stück weiterdrehen. Die braunen Flecken, die man jetzt noch im Ananasfleisch sieht, mit der Spitze vom Kartoffelschäler wie einen Keil herausschaben.

2_Ananas quer in Scheiben schneiden. Die Scheiben halbieren und jeweils den harten Strunk in der Mitte heraustrennen. Das Ananasfleisch in Stücke schneiden und in eine Schüssel füllen. Den Saft, der beim Schneiden der Ananas ausgelaufen ist, in einen Topf fließen lassen.

3_Zitronengras waschen und die Enden abschneiden, die Stangen in 2–3 cm lange Stücke schneiden. Zitrone heiß waschen und die Schale abschneiden, am besten wie eine Spirale (wenn das schwer geht, einfach stückchenweise abschneiden). Den Saft der Zitrone auspressen.

4_Zitronensaft und gekauften Ananassaft mit Zitronengras, Zucker, Honig und Zimt zum Ananassaft in den Topf geben. Zum Kochen bringen, bei mittlerer Hitze etwa 10 Minuten leise köcheln lassen.

5_Dann die Ananasstücke untermischen und einmal aufkochen. In eine Schüssel füllen und abkühlen lassen.

TIPPs
Zu der erfrischenden Ananas passt Vanilleeis sehr gut.
Statt der Ananas schmecken auch andere Früchte wie Feigen, Aprikosen oder Mango in dem Sud. Dann statt Ananassaft halbtrockenen Weißwein, trockenen Cidre oder naturtrüben Apfelsaft nehmen.

TIPPs
Das aromatische Birnenkompott schmeckt sehr gut zu Vanilleeis, zu Kaiserschmarrn (Seite 102), aber auch zu der Quark-Zimt-Creme von Seite 58.
Ein ganz simples Birnenkompott wird aus dem Rezept, wenn Ingwer und Basilikum einfach ersatzlos gestrichen werden.

VARIANTE: Apfelkompott mit Pfeffer
750 g säuerliche Äpfel vierteln, schälen und entkernen, die Viertel noch mal längs halbieren. Wie beschrieben einen Sud aufkochen und die Äpfel darin garen.
1 TL frische grüne Pfefferkörner waschen, grob hacken und zum Schluss mit 1 EL Apfeldicksaft unter das Kompott rühren.

Apfelmus

Klassiker mit Zusatzwürze

Zutaten für 4 Personen:
1 Bio-Zitrone
750 g Äpfel (kann auch Fallobst sein,
Hauptsache die Früchte haben reichlich
Aroma)
80 g Zucker
1/8 l Cidre oder naturtrüber Apfelsaft
wer mag: 1 Prise Zimtpulver
oder frisch geriebene Muskatnuss
(unbedingt mal ausprobieren!)

Zubereitungszeit: 30 Minuten
Kalorien pro Portion: 485 kcal

1_Die Zitrone heiß waschen, die Hälfte
der Schale fein abreiben, den ganzen Saft
auspressen. Die Äpfel vierteln, schälen
und die Kerngehäuse herausschneiden.
Die Äpfel in Schnitze schneiden.

2_In einem Topf 60 g Zucker mit 1/4 l
Wasser und dem Cidre oder Apfelsaft, der
Zitronenschale und dem -saft aufkochen.
Den Zuckersirup ungefähr 5 Minuten
sprudelnd kochen lassen.

3_Dann die Hitze ganz klein stellen, die
Äpfel untermischen und den Deckel auflegen. Äpfel etwa 10 Minuten garen, bis
sie zerfallen.

4_Äpfel im Zuckersirup mit dem Kartoffelstampfer zerdrücken oder alles mit dem
Pürierstab durchmixen. Übrigen Zucker
und Zimt oder Muskat dazugeben, unterrühren. Das Mus kalt werden lassen.

TIPP
Dazu passen Kaiserschmarrn (Seite 102),
Polenta-Nuss-Brei (Seite 114) und Grieß-
soufflé (Seite 121) sehr gut.

VARIANTE: Birnen-Gewürz-Mus
Statt der Äpfel saftige, aromatische Birnen
nehmen und wie beschrieben vorbereiten.
Mit der Zitronenschale und dem -saft, 50 ml
Birnendicksaft und 1/8 l Birnensaft erhitzen und zugedeckt bei schwacher Hitze
etwa 10 Minuten garen. Dann mit einem
Kartoffelstampfer fein zerdrücken und mit
je 1/2 TL Zimtpulver und Ras-el-hanout
(marokkanische Gewürzmischung) oder
Garam masala (indische Gewürzmischung)
verfeinern. Abkühlen lassen, probieren
und, wenn nötig, noch leicht nachsüßen.

Senffrüchte

Schmecken auch zu Käse als Dessert

Zutaten für 4 Personen:
700 g gemischte Früchte (z. B. Feigen,
Aprikosen und Pfirsiche)
1 EL gelbe oder braune Senfkörner
1 Vanilleschote
1 Stück Zimtstange (etwa 4 cm)
50 ml Ahornsirup | 1 EL Zitronensaft
1 TL englisches Senfpulver (gibt es im
Gewürzladen, in der Feinkostabteilung
großer Kaufhäuser und im sehr gut
sortierten Supermarkt)

Zubereitungszeit: 25 Minuten
Kalorien pro Portion: 105 kcal

1_Die Früchte waschen und putzen, falls
nötig entsteinen. Die Früchte in Viertel
oder in Achtel teilen.

2_Senfkörner in einen Topf schütten und
bei mittlerer Hitze etwa 1 Minute rösten,
bis sie anfangen zu duften. In den Mörser
füllen und leicht andrücken. Wieder in den
Topf rieseln lassen und mit 1/4 l Wasser
aufgießen. Die Vanilleschote längs aufschlitzen und aufklappen, das Mark mit

dem Messerrücken herauskratzen. Mark und Schote mit Zimt und Ahornsirup zum Wasser geben und aufkochen.

3_Die Früchte in den Sud legen und zugedeckt bei schwacher Hitze etwa 5 Minuten darin garen. Zitronensaft und Senfpulver untermischen, abkühlen lassen. Dann probieren. Wenn die Senffrüchte zu sauer sind, noch mehr Ahornsirup unterrühren.

TIPP
Die Senffrüchte schmecken zu Vanillepudding (Seite 56), Mini-Cheesecakes (Seite 47), zu kleinen Schokokuchen (Seite 84) und Ricottacreme (Seite 58). Sind aber auch zu Polenta-Nuss-Brei fein (Seite 114, die Himbeeren weglassen).

VARIANTE: Senfquitten
700 g Quitten mit einem Tuch abreiben, achteln, schälen und entkernen. Die Senfkörner wie beschrieben vorbereiten und im Topf mit 3/8 l Wasser aufgießen. Vanillemark und -schote, Zimt und Ahornsirup dazugeben, aufkochen. Quitten in den Sud legen und 15–20 Minuten garen. Senfpulver untermischen (Zitronensaft weglassen, die Quitten haben selber ausreichend Säure), abschmecken.

Rotwein-zwetschgen

Für Kinder: mit rotem Fruchtsaft und der Hälfte des Zuckers kochen

Zutaten für 4 Personen:
1 grüne Kardamomkapsel
1 Lorbeerblatt
1 Stück Zimtstange (etwa 4 cm)
2 Nelken
2 Wacholderbeeren
50 g Honig
50 g Zucker
1/4 l kräftiger Rotwein
600 g Zwetschgen

Zubereitungszeit: 30 Minuten
+ über Nacht Marinieren
Kalorien pro Portion: 200 kcal

1_Die Kardamomkapsel mit dem breiten Messerrücken oder im Mörser mit dem Stößel leicht andrücken. Das Lorbeerblatt in breite Streifen schneiden.

2_Kardamom und Lorbeerblatt mit Zimt, Nelken und Wacholderbeeren in einen Topf geben. Den Honig und den Zucker mit Rotwein dazuschütten und erwärmen.

Den Sud offen etwa 10 Minuten bei starker Hitze sprudelnd kochen lassen.

3_Zwetschgen waschen und halbieren. Steine entfernen und jede Zwetschgenhälfte noch einmal der Länge nach durchschneiden.

4_Zwetschgen unter den Sud mischen, Hitze kleiner stellen und den Deckel auflegen. Zwetschgen 2–3 Minuten garen. In eine Schüssel füllen und abkühlen lassen. Dann mit einem Teller abdecken und bis zum nächsten Tag marinieren.

TIPP
Statt mit frischen Zwetschgen auch mal mit getrockneten Pflaumen versuchen: 500 g entsteinte Trockenpflaumen vierteln und wie beschrieben in dem Sud kochen, dann marinieren.

Sanddornsauce

Feinherb und superfix gerührt

Zutaten für 4 Personen:
1/2 Bio-Orange
150 g saure Sahne
50 g Sahne | 2 TL Zitronensaft
2 EL Puderzucker
2 EL Sanddorncreme oder -aufstrich
(Reformhaus oder Bio-Laden)

Zubereitungszeit: 5 Minuten
Kalorien pro Portion: 110 kcal

1_Die Orange heiß waschen, die Schale
fein abreiben und den Saft auspressen.

2_Beide Sahnesorten mit Orangensaft,
Zitronensaft, Puderzucker und Sanddorncreme oder -aufstrich mit dem Schneebesen kräftig durchschlagen. Mit der
Orangenschale würzen.

TIPPs
Die Sauce schmeckt zu Waffeln (Seite 116),
Mohr im Hemd (Seite 79) oder auch mal
zu Bratäpfeln (Basic cooking, Seite 157).
Wer Sanddorn nicht bekommt nimmt
Zwetschgenmus oder Preiselbeeren.

Zitronencreme

Erfrischend und samtig

Zutaten für 4 Personen:
2 Bio-Zitronen | 80 g Zucker
2 EL Limoncello | 150 g Mascarpone
2 EL Milch | 50 g saure Sahne

Zubereitungszeit: 20 Minuten
(ohne Abkühlen)
Kalorien pro Portion: 285 kcal

1_Zitronen heiß waschen und die Schale
fein abreiben, Saft auspressen. Beides
mit Zucker und Limoncello in einem Topf
10 Minuten sprudelnd kochen lassen, bis
die Mischung dickflüssig wie Sirup ist.
Abkühlen lassen, dann mit Mascarpone,
Milch und saurer Sahne glatt verrühren.

TIPPs
Die Creme zu Eis (ab Seite 88), gegrillten
Früchten (Seite 62) oder auch zu Waffeln
(Seite 116) servieren.
Statt Zitronen- mal Glühweinsirup kochen:
150 ml Rotwein mit 75 g Zucker, 4 cm Zimtstange, 2 Nelken und 1 TL fein abgeriebener Orangenschale einkochen. Abkühlen
lassen, mit übrigen Zutaten verrühren.

Mangosauce mit Ingwer

Fruchtig und ein bisschen
exotisch

Zutaten für 4 Personen:
1 Mango
1 Stück frischer Ingwer (etwa 2 cm)
175 ml Orangensaft
50 g Zucker
50 g Sahne

Zubereitungszeit: 15 Minuten
(ohne Abkühlen)
Kalorien pro Portion: 160 kcal

1_Die Mango schälen, das Fruchtfleisch in
großen Stücken vom Kern abschneiden
und grob würfeln. Den Ingwer schälen
und sehr fein hacken.

2_Mango und Ingwer mit Orangensaft und
Zucker in einem Topf erhitzen und zugedeckt bei schwacher Hitze etwa 5 Minuten
sanft kochen lassen. Abkühlen lassen.

3_Die Mangowürfel dann mit der Flüssigkeit fein pürieren, Sahne untermischen.
Die Sauce abschmecken, eventuell noch
etwas Zucker unterrühren.

TIPPs

Die Sauce passt hervorragend zu Kokos-waffeln (Seite 116), zu Polenta-Nuss-Brei (Seite 114), zu Kaiserschmarrn (Seite 102) oder zu Schokoladeneis (Seite 91). Noch mehr Exotik bekommt die Sauce, wenn man zusätzlich 1 TL frische grüne Pfefferkörner (aus dem Asia-Laden) kalt abspült, hackt und untermischt.

VARIANTE: Himbeersauce

500 g Himbeeren verlesen und mit einer Gabel zerdrücken, dann durch ein Sieb streichen und dabei die Kerne entfernen. Mit 75 ml Himbeersaft und 1–2 EL Puder-zucker verrühren und ganz nach Belieben mit wenig Himbeergeist, Orangenlikör oder Sherry abschmecken. Mit der Himbeer-sauce Bayerische Creme (Seite 76) oder Eis (ab Seite 88, eventuell die Sauce leicht erwärmen und zu Vanilleeis essen), aber auch Waffeln (Seite 116) oder Kaiser-schmarrn (Seite 102) krönen.

Schokoladen-sauce

Nicht nur für Schokoholics

Zutaten für 4 Personen:
150 g Zartbitterschokolade oder -kuvertüre
75 g Sahne | 75 ml Milch
1/2 TL Zimtpulver oder Ras-el-hanout (marokkanische Gewürzmischung)
knapp 1/4 TL Chilipulver
2 TL Honig

Zubereitungszeit: 15 Minuten
Kalorien pro Portion: 280 kcal

1_Die Schokolade in Stücke brechen oder die Kuvertüre hacken, mit der Sahne und der Milch in einer Metallschüssel mischen. Im heißen Wasserbad bei mittlerer Hitze schmelzen lassen. Dabei immer wieder mal durchrühren.

2_Die Schüssel aus dem Topf heben und Zimt oder Ras-el-hanout, Chili und Honig zur geschmolzenen Schokoladenmischung geben. Alles mit dem Schneebesen (noch besser ist der Milchaufschäumer!) kräftig durchschlagen. Sauce warm servieren oder abkühlen lassen.

TIPPs

Die Schokosauce schmeckt zu Waffeln (Seite 116), Pfannkuchen (Seite 103), Bananeneis (Seite 88) und weißer Schokomousse (Seite 86).
Wer die Sauce abgekühlt verwenden will, sollte sie trotzdem frisch zubereiten und gleich nach dem Abkühlen servieren. Steht und kühlt die Sauce nämlich zu lang, wird sie streichfest. Wenn das aber doch mal passiert: Man kann sie so super aufs Brot schmieren.
Geschmacksvarianten bringen Espresso, Sherry oder Portwein. Jeweils etwa 50 ml davon nehmen und entsprechend weniger Milch verwenden.

VARIANTE: Weiße Schoko-Kaffee-Sauce

200 g weiße Kuvertüre hacken und mit 200 g Sahne und 2 TL Instant-Espresso-pulver im heißen Wasserbad schmelzen lassen. Kräftig durchrühren, dann mit 1/2 TL fein abgeriebener Bio-Orangen-schale und 1 Prise frisch geriebener Muskatnuss würzen.

Rotwein-Zimt-Sauce

Schmeckt nicht nur zur Winterzeit

Zutaten für 4 Personen:
3 Eier (Größe M) | 80 g Zucker
1/2 TL Zimtpulver | 2 TL Speisestärke
3/8 l trockener Rotwein
1 EL Zitronensaft
50 g Crème fraîche oder Sahne

Zubereitungszeit: 30 Minuten
Kalorien pro Portion: 255 kcal

1_2 Eier trennen. Die Eigelbe mit dem übrigen ganzen Ei, dem Zucker und dem Zimt in einem Topf mit den Quirlen des Handrührgeräts gut schaumig schlagen.

2_Stärke mit 2 EL Wein glatt verrühren. Mit übrigem Wein unter die Eigelbcreme rühren. Auf den Herd stellen und die Mischung bei mittlerer Hitze erwärmen, bis sie dickflüssig wird. Dabei ständig durchrühren und nicht kochen lassen, sonst gerinnen die Eigelbe.

3_Die Sauce vom Herd ziehen, Zitronensaft und Crème fraîche oder Sahne unterrühren. Die Eiweiße steif schlagen und mit dem Schneebesen locker unterheben. Die Sauce warm zu Pudding (Seite 56), Rotweinzwetschgen (Seite 129) oder Waffeln (Seite 116) servieren.

VARIANTE: Orangenschaumsauce

1 Bio-Orange heiß waschen und die Schale fein abreiben, Saft auspressen. Den Orangensaft mit etwa 1/8 l Weißwein mischen (zusammen sollen es 3/8 l sein, eventuell den Wein durch Orangensaft ersetzen). 2 Eier (Größe M) trennen. Die Eiweiße steif schlagen. Eigelbe und 1 ganzes Ei (Größe M) in einem höheren Topf mit 60 g Zucker verrühren. 2 TL Speisestärke mit etwas Orangensaftmischung glatt rühren, mit der übrigen Flüssigkeit zur Eiermischung geben und unter Rühren bei mittlerer Hitze erwärmen. Sobald die Masse einmal aufpufft, Topf vom Herd ziehen. 2 TL Zitronensaft und 2 EL Sahne unterrühren, Eischnee unterziehen. Die Sauce warm zu Soufflé (Seite 121) oder Kaiserschmarrn (Seite 102) essen oder abgekühlt zu Mohr im Hemd (Seite 79) oder Brotpudding (Seite 117).

VARIANTE: Vanillesauce

1 fleischige Vanilleschote der Länge nach aufschlitzen und das Mark herausschaben. Mark und Schote mit 1/2 l Milch in einem Topf geben und aufkochen, dann vom Herd nehmen und die Vanillemilch 10 Minuten ziehen lassen. 2 Eier (Größe M) trennen. Die Eigelbe mit 30 g Zucker und 2 TL Speisestärke oder Vanillepuddingpulver in einem anderen Topf verrühren. Die Vanilleschote aus der Milch fischen, Vanillemilch langsam unter die Eigelbmischung rühren. Auf den Herd stellen und bei mittlerer Hitze erwärmen, bis die Sauce dickflüssig wird. Dabei immer rühren. Die Eiweiße steif schlagen und unter die heiße Sauce heben. Warm oder abgekühlt zu Brotpudding (Seite 117), Roter Grütze (Seite 80) oder klassischen Dampfnudeln (Seite 110) servieren.

VARIANTE: Karamellsauce

Wie bei der Vanillesauce eine Vanillemilch kochen, aber nur 3/8 l Milch nehmen. Gleichzeitig 80 g Zucker in einem Topf bei mittlerer Hitze erst flüssig und goldbraun werden lassen. Dann 1/8 l kochend heißes Wasser dazuschütten und alles zusammen kochen lassen, bis ein karamellbrauner Sirup entsteht. Mit der heißen Vanillemilch mischen. Die Eigelbe mit Speisestärke oder Puddingpulver aber ohne Zucker verrühren, Karamellmilch einrühren und die Sauce wie beschrieben kochen. Zum Schluss den Eischnee unterheben. Die Sauce warm oder kalt zu Brotpudding (Seite 117), Kaiserschmarrn (Seite 102) oder Apfelreis mit Quark (Seite 115) servieren.

TIPPs

Mit 2 EL Kakaopulver oder 50 g geriebener Schokolade in der Vanillemilch wird es eine Schokoladensauce, mit der fein abgeriebenen Schale und 1–2 EL Saft von 1 Bio-Zitrone eine Zitronensauce (beides erst ganz zum Schluss dazugeben).

Basic-TIPP

Das A und O, um eine perfekte Sauce hinzukriegen, ist die richtige Herdtemperatur. Die Platte muss warm genug sein, damit Speisestärke und Eigelb die Sauce binden können. Aber nicht so heiß, dass die Sauce kocht und das Eigelb in der großen Hitze ausflockt. Also in jedem Fall mittlere Hitze wählen und vor allem immer dabeibleiben und die Sauce durchrühren. Sobald sie zu heiß wird, Topf schnell vom Herd ziehen. Wer die Sauce mit Zitronen-, Orangen- oder Limettensaft abschmecken will, gibt diesen immer erst ganz zum Schluss dazu, wenn der Topf gar nicht mehr auf dem Herd steht. Sonst flockt die Milch wegen der Säure und der Hitze aus.

Erdbeer-Aprikosen-Smoothie

Energiespender

Zutaten für 4 Personen:
300 g Aprikosen
300 g Erdbeeren
2–3 EL Erdbeersirup, Ahornsirup oder Honig
250 g flüssiger Joghurt oder Dickmilch
100 g Sahne

Zubereitungszeit: 15 Minuten
Kalorien pro Portion: 180 kcal

1_Die Aprikosen waschen, halbieren, entsteinen und würfeln. Die Erdbeeren kurz kalt abbrausen und die Kelchblätter mit der Messerspitze herausschneiden. Die Erdbeeren grob schneiden.

2_Früchte mit dem Sirup oder Honig, Joghurt oder Dickmilch und Sahne in den Mixer füllen und alles 1–2 Minuten kräftig durchpürieren. Smoothie in Gläser füllen und gleich servieren.

TIPP

Statt frischer Aprikosen schmecken auch 200 g Dosenaprikosen. Die sind immer gesüßt, deshalb erst mal weniger Sirup oder Honig mit den Früchten pürieren. Lieber später nachsüßen, wenn es nötig ist.

Schoko-Pfirsich-Shake

Belohnung für zwischendurch

Zutaten für 4 Personen:
2 gelbe Pfirsiche (sie müssen schön reif sein)
1/2 l Milch
50 g Schokoladeneis (fertig gekauft oder wie auf Seite 91 selber gemacht)
2 TL Zitronensaft
1 EL Honig
Zimtpulver zum Bestäuben

Zubereitungszeit: 15 Minuten
Kalorien pro Portion: 130 kcal

1_Von den Pfirsichen die Haut abziehen. Wenn sie wirklich reif sind, geht das ganz leicht. Wenn sie noch etwas härter sind, muss man wie bei Tomaten nachhelfen: Die Früchte mit kochend heißem Wasser überbrühen und kurz ziehen lassen, dann abschrecken und die Haut abziehen. Die Pfirsiche halbieren, Steine herauslösen und die Pfirsichhälften grob würfeln.

2_Pfirsichwürfel mit Milch, Eis, Zitronensaft und Honig in den Mixer füllen und kräftig durchpürieren, bis die Masse glatt ist und leicht schäumt. Shake in Gläser füllen und jede Portion mit wenig Zimt bestäuben. Gleich austrinken.

VARIANTE: Vanille-Johannisbeer-Shake

250 g schwarze Johannisbeeren waschen und die Beeren von den Stielen streifen. Beeren fein zerkleinern und durch ein Sieb streichen. Mit 400 ml Milch, 100 g Sahne und 50 g Vanilleeis in den Mixer füllen und kräftig durchmixen. Den Shake mit Cassis (Johannisbeerlikör) und Puderzucker abschmecken.

Heiße Chili-Schokolade

Balsam für die Seele

Zutaten für 4 Personen:
100 g Zartbitterschokolade
800 ml Milch
1/2 TL Chilipulver
2 EL Crème fraîche
1/2 TL Zimtpulver
1 TL Puderzucker

Zubereitungszeit: 15 Minuten
Kalorien pro Portion: 285 kcal

1_Schokolade in kleine Stücke brechen. Mit der Milch und dem Chilipulver in einen Topf füllen und bei mittlerer bis schwacher Hitze langsam erwärmen, bis die Schokolade schmilzt. Die Milch nicht zu heiß werden lassen, damit sie nicht anbrennt. Und zwischendurch immer mal wieder gut durchrühren.

2_Die Crème fraîche mit dem Zimt und dem Puderzucker gut verrühren. Die Schokomilch in hohe Becher füllen und mit je 1/2 EL Crème fraîche garnieren.

TIPP

Wer einen Milchaufschäumer hat, rührt die heiße Schokomilch in der Tasse damit noch einmal kräftig auf, bevor die Crème-fraîche-Haube draufkommt.

VARIANTE: Würzige Vollmilchschokolade

100 g Vollmilchschokolade in Stücke brechen, mit 800 ml fettarmer Milch in einen Topf geben und bei mittlerer bis schwacher Hitze erwärmen und unter Rühren schmelzen lassen. 1 TL Zimtpulver und je 1/2 TL Garam masala (indische Gewürzmischung) und frisch geriebene Muskatnuss untermischen. Im Mixer aufschäumen und in Gläser füllen. Wenig fein abgeriebene Bio-Orangenschale aufstreuen.

Kokos-Ingwer-Lassi

Indisch angehauchte Erfrischung

Zutaten für 4 Personen:
1 Stück frischer Ingwer (etwa 4 cm)
250 ml Kokosmilch
250 g Joghurt
1 Prise gemahlener Koriander
3–4 EL Ahornsirup oder Zucker
12 Eiswürfel

Zubereitungszeit: 10 Minuten
Kalorien pro Portion: 95 kcal

1_Ingwer schälen und auf der Rohkostreibe fein reiben oder in Stücke schneiden und durch eine stabile Knoblauchpresse drücken.

2_Kokosmilch, Joghurt, Ingwer, Koriander und Ahornsirup oder Zucker in den Mixer füllen. Die Eiswürfel dazugeben und alles 1–2 Minuten durchmixen, bis das Lassi schön schaumig ist. In hohe Gläser füllen, mit dicken Strohhalmen servieren.

Basic:

Zucker ist ein richtig magischer Stoff – er versüßt nicht nur viele Dinge zum Essen, er konserviert sie auch. Und im besten Falle tut er beides zugleich.

Dabei kommen allerdings selten eigenständige Gerichte heraus, denn dafür sind diese »Konserven« dann doch zu süß. Aber für Konfitüre aufs Brot, Sirup zum Grießbrei oder einen süßen Schluck Alkohol nach dem Essen sind sie ideal.

Diese kleinen Extras und Dazus brauchen oft ihre Zeit, um richtig gut zu werden – wie die Apfelbutter gleich rechts, die fast 1 Stunde vor sich hin köchelt, oder ein Likör, der über Wochen reift. Denn erst dabei werden die Aromen richtig intensiv, weswegen auch die – oft recht wenigen – Zutaten optimal sein müssen: Alles »Störende« sollte raus – wie etwa das Bittere von Orangenschale, die durch Blanchieren milder gemacht werden.

Keine Kompromisse kann es auch bei der Sauberkeit geben: Alle Geräte und Gefäße müssen wirklich gut gereinigt sein, damit nichts in die Gläser und Flaschen gerät, was die ganze Arbeit zum Schluss verdirbt. Haben wir alles richtig gemacht, halten die guten Dinge gekühlt Wochen und Monate. Ein Likör sogar noch länger – denn ihn konserviert auch noch der Alkohol. Aber das ist eine andere Geschichte.

im Bild: Orangenschalen mit Sirup

Süße Vorräte

Englische Apfelbutter

Apfelmus, göttlich

Zutaten für etwa 700 ml:
600 g säuerliche Äpfel (z. B. Boskop)
1/2 l Apfelwein (englischer Cider oder französischer Cidre)
350 g Zucker

Zubereitungszeit: 30 Minuten
+ 1 Stunde Kochen
Kalorien pro Portion: 2010 kcal

1_Äpfel waschen und samt Schale und Kerngehäuse vierteln. Mit dem Wein in einem Topf aufkochen und gute 5 Minuten kochen lassen, bis sie richtig weich sind.

2_Äpfel im Topf grob zerstampfen und samt Wein durch ein feines Sieb streichen – es sollten insgesamt 600 ml ergeben. Mit dem Zucker wieder in den Topf geben und alles zum Kochen bringen.

3_Apfelbutter bei kleiner Hitze in etwa 1 Stunde auf ein Drittel einköcheln lassen. Dabei vor allem gegen Ende öfters rühren, damit nichts anbrennt. In Gläschen füllen, verschließen und abkühlen lassen.

TIPPs

Englische Apfelbutter hält im Kühlschrank 2 Monate. Sie passt zu Waffeln (Seite 116), Buttertoasts, Pfannkuchen (Seite 103) und allen anderen Mehlspeisen, zu denen ein Kompott auch gut schmeckt.

Orangenschalen in Sirup

Machen selbst Schokoeis elegant

Zutaten für 100 ml:
4 Bio-Orangen mit dicker Schale
100 ml Orangenlikör | 5 EL heller Honig

Zubereitungszeit: 30 Minuten
+ 10–15 Minuten Kochen
Kalorien pro Portion: 465 kcal

1_Orangen heiß waschen und die Schale mit dem Sparschäler in breiten Streifen abziehen. Das Weiße im Inneren der Schalen mit einem Messer abschaben, die Schalen in feine, lange Streifen schneiden.

2_Einen Topf voll Wasser aufkochen. Die Schalen hineingeben, aufkochen lassen und in ein Sieb schütten, dann mit kaltem Wasser abspülen. Dies noch zwei Mal mit frischem Wasser wiederholen (das entzieht die Bitterstoffe).

3_Schalen mit übrigen Zutaten in einem Topf aufkochen und in 10–15 Minuten bei geringer Hitze zum Sirup einkochen, der die Schalen knapp bedeckt. In Gläschen füllen, verschließen, abkühlen lassen.

TIPPs

Die Schalen und der Sirup halten gekühlt etwa 1 Monat. Beides ist ein gutes Finish für Eis (ab Seite 88), Mehlspeisen und Pudding (Seite 56) sowie allem Süßen mit Schokolade.

Johannislikör

Cassis auf Hausmacher Art

Zutaten für 1 1/2 l:
250 g schwarze Johannisbeeren
250 g rote Johannisbeeren
500 g Kandiszucker
2 Flaschen Himbeergeist (je 700 ml)

Zubereitungszeit: 10 Minuten
+ 24 Stunden sowie 10 Wochen Ziehen
Kalorien pro Portion: 6675 kcal

1_Die Beeren an den Rispen gut abspülen und trockenschütteln. Den Kandiszucker im Mörser grob zerstoßen. Beerenrispen und Zucker abwechselnd in einen Steinguttopf schichten und 1 Tag und 1 Nacht ziehen lassen.

2_Dann mit dem Himbeergeist auffüllen und mit einem Teller beschweren, auf dem eine große Konservendose steht. Ein Küchentuch über den Steinguttopf legen und zubinden. Alles bei Kellerkühle (die herrscht zur Not auch im Flur oder Schlafzimmer) 6 Wochen ziehen lassen.

3_Anschließend den Likör durch ein feines Mulltuch passieren und in zwei heiß ausgespülte Flaschen umfüllen. Diese gut verschließen und den Likör nochmals 4 Wochen ziehen lassen.

TIPP

Der Likör bleibt gut verschlossen etwa 3 Monate frisch.

Register von A – Z

Damit Sie Rezepte mit ganz bestimmten Zutaten noch schneller finden können, stehen in diesem Register zusätzlich auch beliebte Zutaten wie **Beeren** und **Schokolade** – ebenfalls alphabetisch geordnet und hervorgehoben – über den entsprechenden Rezepten.

Die Basic family
rund ums Kochen und Verwöhnen

Impressum

Diesmal unser Gast beim Modelshooting: Vigna. Frauchen Schinharl zuliebe mit einer Engelsgeduld …

Cornelia Schinharl, Top-Kochbuchautorin bei GU, nicht nur bei den Basics. Ihre Rezepte bringen immer ganz schnell und leicht Glanz in die Küche und diese hier ganz besonders. c.schinharl@bluewin.ch

Sebastian Dickhaut, Koch, Buchautor, Journalist und Foodblogger in einer Person. Im Sweet Basics beweist er wieder seinen feinen Sinn fürs Grundsätzliche (siehe Know-how-Teil, Spezialrezepte, Magazin). info@sebastian-dickhaut.de www.rettet-das-mittagessen.de www.küchengötter.de

Doris Birk	Programmleitung
Birgit Rademacker	Leitende Redakteurin
Sabine Sälzer	Projektleitung, Redaktion
engels + partner, Thomas Jankovic	Gestaltung & Layout, Cover, Illus
Redaktionsbüro Christina Kempe	Lektorat, Satz/DTP, Gestaltung
Barbara Bonisolli	Foodfotografie
Claudia Juranits, Anja Prestel	Fotoassistenz
Hans Gerlach	Foodstyling
Alexander Kühn	Assistenz Foodstyling
Alexander Walter	Peoplefotografie
Max Prechtel	Foto-Assistenz
Cornelia Schinharl	Food & Styling
Sabine Sälzer	bei der People-
Susanne Lang	Fotoproduktion
Coco Lang	Stillife-Foto Regal
Susanne Mühldorfer	Herstellung
Petra Bachmann	Schlusskorrektur
Repro	Repro Ludwig
Druck & Bindung	Printer Trento s.r.l., Trento

Ganz herzlichen Dank …

… an Babsy Pfannenstiel-Schwarz mit Familie für die Gastfreundschaft während der Fotoproduktion in ihrem fantastischen Haus

Die Sweet-Basic-Models:
Barbara Pfannenstiel-Schwarz mit den Töchtern Paula und Amelie
Maike Damm
Renate Hutt
Marc Strittmatter

Bildnachweis:

Barbara Bonisolli: alle Rezeptfotos im Studio, Stepfotos auf S. 20/21, außerdem die Motive auf S. 8, 9, 11, 13 oben, 20, 21, 25, 30, 52, 74, 100 unten, 124

Alexander Walter: alle Peoplefotos mit den Basic-Models, außerdem die Motive auf S. 3 links, 10, 22, 26/27, 29, 36 Mitte, 37 links und rechts, 39 links und rechts, 41 links, 44 Mitte. 45 links, 47 links, 51, 53, 55 links, 59 rechts, 65 links, 66 Mitte, 67 rechts, 89 links, 94 Mitte, 100 oben, 103, 108 rechts, 112 Mitte, 113 links, 115 links, 119 links, 123, 127 links, 131 rechts, 143

Coco Lang: Regalfoto auf S. 16/17, 35 unten, 67 links

engels + partner, Thomas Jankovic: Titel-Petit-four + alle Illustrationen

Syndication: www.jalag-syndication.de

© 2008 GRÄFE UND UNZER VERLAG GmbH, München.

ISBN   978-3-8338-4258-0

1. Auflage 2014

 www.facebook.com/gu.verlag

Was wir unseren Zuckerbäcker schon immer fragen wollten

Wieso eigentlich: Zuckerbäcker?
Als einige Bäcker im Mittelalter damit begannen, sich der Zunft des Lebkuchenmachens zuzuwenden, war dies der Beginn der Konditorei. Weil Rohr- wie Rübenzucker erst einmal unentdeckt und dann zu teuer waren, wurde mit Honig und Trockenfrüchten gesüßt. Schließlich kam Zucker dazu, dann Tortencreme, irgendwann war der Lebkuchenbäcker ein Zuckerbäcker und schließlich Konditor oder Patissier.

Wer war Fürst Pückler?
Hermann Ludwig Heinrich Fürst von Pückler-Muskau galt als Lebemann zu seiner Zeit, die er von 1785 ab immerhin 76 Jahre genießen konnte. Bekannt wurde er vor allem als Gartenarchitekt und Schriftsteller, richtig bekannt ist er uns aber als Pate des Fürst-Pückler-Eis (Seite 53, 97). Angeblich hat es ein Konditor den Farben des Pücklerschen Familienwappens nachempfunden.

Was war 1747? Und 1801?
Andreas Sigismund Markgraf stößt 1747 auf einen Zuckergehalt von fast 20% in der Zuckerrübe, die extra für die Zuckergewinnung aus der Runkelrübe gezüchtet wurde. Bis dahin kannte man in Europa Zucker nur als teures Gewürz aus Übersee, das aus Zuckerrohr gemacht wurde. 1801 fand man dann einen Weg, aus Zuckerrüben Zucker zu erhalten.

Ist Zucker böse?
Olivenöl ist gut, solange man »Kreta-Diät« oder »Toskana-Urlaub« mit erwähnt. Am Ende enthält es dann doch 100% Fett. Zucker ist 100% Kohlenhydrat – und raffiniert in Massen nichts Gutes, wie auch reichlich billiges Olivenöl. Also Mengen klein halten; aber bitte keine Angst vorm Süßen haben.

Was ist Faden, Flug, Ballen und Bruch?
Je nachdem, wie lange Zucker mit Wasser verkocht wird, erreicht er verschiedene Temperaturen, die mit dem Verkochen des Wassers zunehmen – je heißer die Lösung, desto härter das abgekühlte Produkt. Wird heute mit einem Zuckerthermometer gemessen, früher nach Augenmaß:
_Schwacher Faden liegt bei 105 °C; hier kann die Zuckerlösung zwischen Daumen und Zeigefinger (Vorsicht, heiß! Die Fingerspitzen vorher in eiskaltes Wasser tauchen.) zu kurzen Fäden gezogen werden. Starker Faden liegt bei 108 °C, hier kann ein längerer und stärkerer Faden gezogen werden.
_Schwacher Flug beginnt bei 112 °C, bei starkem Flug liegt die Temperatur bei 115 °C. Hier lässt sich Zuckersirup durch eine Metallschlinge fast wie Seifenblasen pusten.
_Ein Ballen lässt sich nach Eintropfen von Zuckersirup ins eiskalte Wasser mit den Fingern formen, seine Idealtemperatur beginnt ab 125 °C.
_Ab 138 °C spricht man vom schwachen Bruch, ab 145 °C vom starken Bruch, der beim Erkalten glashart wird. Bei weiterem Kochen entsteht Karamell.
Wer noch mehr dazu wissen möchte, bitte auf den Seiten 24/25 und 48/49 nachlesen.

Kriegen Bienen Karies?
Haben Menschen Saugrüssel?

Unterschied zwischen Vanille und Vanillin?
Vanilleschoten sind die Fruchtkapseln einer Orchideenart, die z.B. auf Tahiti geerntet, fermentiert und getrocknet werden. Bei »Vanillinzucker« ist das Aroma meist aus dem Labor, oft wird es aus Abfällen der Holzverarbeitung gewonnen – ein naturidentischer Aromastoff.

Was heißt genau »Dessert«?
Das kommt von »desservir«, auf Deutsch »abservieren«. Dessert gibt es demnach, wenn der Tisch leergeräumt vom eigentlichen Essen ist – ein echter Nachtisch also.

Wie toll sind Dessertteller in Schwarz, aus Glas, als Dreieck?
Nicht toll. Auch die dunkelblauen Varianten oder sonstige »originelle Grundlagen«, die dem als inspiriert geltenden Dessert immer als dubiose Unterlage dienen. Besonders schlimm: Wenn darauf ein »Potpourri« aus der süßen Küche lauert – Eis, Mousse, Exotensalat, Käsekuchen. Alles erlebt.

Was tun mit 100-Prozent-Schokolade?
Wissen wir auch nicht. Essen jedenfalls nicht. Vielleicht mit etwas (Vanille-)Zucker in Milch schmelzen und trinken? Also: Milchschokolade machen.

Cappuccino mit Schlagsahne – geht das?
Alles, was geht, geht. In Italien nennt man Cappuccino mit Schlag Vienese, in Wien Einspänner. Nach dem Essen sollte man so was meiden wie überhaupt klassischen Cappuccino – dann lieber einen Espresso.

Was heißt Fudge, Nonpareiles, Sterntülle, Unterheben und Zuckercouleur?
Siehe Seite 31, 53, 75, 101 und 125.

Und was heißt »Petit four«?
»Kleiner Ofen«. Mehr sagen wir nicht – Geheimnisse machen das Denken süß.